Cartas a um jovem político

Fernando Henrique Cardoso

Cartas a um jovem político
Para construir um país melhor

Colaboração de
Maria Amália Bernardi

2ª edição

Rio de Janeiro
2017

© Fernando Henrique Cardoso, 2017

1ª edição Elsevier, 2006; 1ª edição Civilização Brasileira, 2017

CIP-BRASIL. CATALOGAÇÃO NA PUBLICAÇÃO
SINDICATONACIONALDOS EDITORES DE LIVROS,RJ

C262c   Cardoso, Fernando Henrique
2ª ed.   Cartas a um jovem político/Fernando Henrique Cardoso. –
       2ª ed. – Rio de Janeiro: Civilização Brasileira, 2017.
       144p.; 21cm.

       ISBN: 978-85-200-1307-6

       1. Ciência política. I. Título.

17-39033   CDD: 320
                CDU: 32

Todos os direitos reservados. É proibido reproduzir, armazenar ou transmitir partes deste livro, através de quaisquer meios, sem prévia autorização por escrito.

Texto revisado segundo o novo Acordo Ortográfico da Língua Portuguesa.

Direitos desta edição adquiridos pela
EDITORA CIVILIZAÇÃO BRASILEIRA
Um selo da
EDITORA JOSÉ OLYMPIO LTDA.
Rua Argentina, 171 – Rio de Janeiro, RJ – 20921-380 –
Tel.: (21) 2585-2000.

Seja um leitor preferencial Record.
Cadastre-se e receba informações sobre nossos lançamentos e nossas promoções.

Atendimento e venda direta ao leitor:
mdireto@record.com.br ou (21) 2585-2002.

Impresso no Brasil
2017

Agradeço a Maria Amália Bernardi, que registrou várias entrevistas minhas e cuja sensibilidade e dedicação foram essenciais para a realização deste livro. Da mesma maneira, agradeço a ajuda editorial que Eduardo Graeff prestou, como faz há tanto tempo. Sua perícia é responsável por muito da eventual clareza e pela precisão de meus escritos.

Sumário

Apresentação à 2ª edição ... 9
Introdução ... 13

1. Entrando na vida política ... 15
2. Política para quê? ... 19
3. Dois exemplos de político com "p" maiúsculo ... 31
4. Saber a hora – e outras coisas... ... 37
5. A arte de reunir pessoas ... 41
6. A grande escola do Congresso ... 47
7. Aprendendo com a vida no topo ... 53
8. O bem, o mal e a História ... 59
9. A política e os partidos ... 65
10. De São Paulo a Mato Grosso – de navio! ... 73
11. A gangorra da popularidade ... 77
12. Nunca sozinho e sempre só ... 91
13. Opinião pública: buscando o equilíbrio ... 99
14. Dos símbolos às promessas ... 105
15. A necessidade de alianças ... 115
16. Avaliação permanente ... 123
17. A cobrança do tempo ... 133
18. Algumas palavras finais ... 141

Apresentação à 2ª edição

Passaram-se dez anos desde quando este livro foi lançado. Uma obra despretensiosa, na qual procurei transmitir de forma simples e direta minha experiência com a vida política. Reli-o para a presente edição, feita sob o selo Civilização Brasileira, do Grupo Editorial Record. Aproveito para registrar o quanto devo a quem, até há pouco, foi o grande animador da editora, Sérgio Machado, que sempre me incentivou e a quem devo, inclusive, a ideia de escrever para o público internacional outro livro do qual a Civilização Brasileira publicou a tradução ao português, *O improvável presidente do Brasil*. Sérgio deixou saudades.

Na presente edição, quase não houve modificações. As que foram feitas são resultado dos cuidados gramaticais e, raras vezes, estilísticos de quem fez as revisões na editora. Meus mesmo foram pouquíssimos. Por que digo isso?

Porque é raro, em livros de cunho político, que se passem os anos e pouco, ou nada, tenha que se modificar do conteúdo. E, destaque-se, o livro apresenta períodos de governo, não só os meus, mas de alguns antecessores e sucessores. A razão é simples: não se trata de um livro panfletário, nem seu objetivo é estar colado a fatos concretos, embora trate deles de vez em quando. O propósito é mostrar como se desenvolve a vida política em países democráticos que, contudo, mantêm traços de uma cultura política corporativista e clientelista, dando margem, com certa frequência, à corrupção.

A pergunta subjacente é a seguinte: é possível motivar um jovem para a ação política em tais condições? No fundo, do que trata a política? Como atuar num mar de interesses, mantendo valores?

Desde quando escrevi, até hoje, muitos dos desafios apontados ganharam dimensão ainda maior. O tema da corrupção, sobretudo, tornou-se cotidiano. Do mesmo jeito, a necessidade de manter vivos valores fundamentais passou a ser premissa essencial para que a coesão nacional não se desvirtue em um "salve-se quem puder".

O tema weberiano da responsabilidade política está presente neste livrinho o tempo todo, sem ser mencionado e sem ser tratado de forma acadêmica e pedante. É possível crer ainda hoje em uma política como vocação? Sustento que sim. Mas evito também a ingenuidade de crer que o político e o pregador são a mesma coisa. Este se motiva por suas crenças e deve ser fiel a elas. O político também deve ter crenças (valores), mas seu compromisso é maior: tem que abrir veredas na vida para que os valores se objetivem.

Neste afã, o político tropeça com "os outros", que como ele têm valores – e não só: também têm interesses. Quem se devota à vida política deve levar em conta que vai atravessar mares encapelados, nos quais pode soçobrar. Seu êxito depende da capacidade de navegar, mas também dos mares não se agitarem demais nem de o temporal ultrapassar suas capacidades de bom navegador. Há de ser marinheiro de alto curso. Estes são os que divisam longe e, por isso, podem evitar temporais. Trata-se dos chamados estadistas.

Entretanto, o livro mostra que nem só de estadistas vive uma nação. Os políticos que cuidam mais do dia a dia do governo e das eleições também são importantes, e há razões suficientes para motivar os jovens a abraçar a carreira política. Em ambos os casos só vale a pena as pessoas se lançarem à arena política se, além dos interesses normais, tiverem crenças e forem capazes de lutar por elas com coragem e perseverança.

Não se trata de um mundo de gratificações sem esforço nem alheio a incompreensões. Para manter fidelidade às crenças e até mesmo à própria dignidade, o político deve saber que o julgamento que vale é o da História. Mais angustiante ainda, o julgamento muda com as gerações. É quando o político se encontra com o pregador. Ainda que tudo mude, se o político for grande e convicto poderá dizer: "Fiz o que eu acreditava."

Ser Político, com maiúscula, vale a pena, e os jovens podem ambicionar abraçar causas, sem esquecer-se que os interesses das pessoas podem ser contraditórios. Há que fazer escolhas. Mas não é disso que se trata quando falamos da liberdade como um valor? Sem convicções e sem liberdade a democracia sucumbe e, com ela, a política. É o que pretendo mostrar neste livro.

Fernando Henrique Cardoso
São Paulo, janeiro de 2017.

Introdução

Nestas cartas procurei dividir com o leitor – homens e mulheres –, especialmente os mais jovens, a quem são dirigidas, experiências que vivi em meus 27 anos de política, lições que aprendi dentro e fora do governo e conhecimentos que fui adquirindo ao longo da vida.

Não tive a pretensão de esgotar todos os temas de interesse para quem queira entrar no vasto mundo da política. Mas acredito que todos os pontos aqui abordados possam ser relevantes para alguém que pretenda engajar-se nesse universo.

Como insisto em mais de uma das cartas, política e ciência são coisas que não se confundem. Não posso pretender, portanto, que tudo que escrevi tenha o grau de certeza de uma equação matemática, ou que seja a pura expressão da verdade. Falei da minha verdade, apenas – e das minhas convicções, pontos de vista e referências.

Quem procurar aqui um tratado de ciência política obviamente não o encontrará. São cartas, quase uma conversa, na linguagem e no tom coloquiais que me pareceram adequados para os propósitos do trabalho.

Espero sinceramente que sua leitura possa auxiliar, por pouco que seja, quem está iniciando sua caminhada na vida política.

1. Entrando na vida política

Um jovem que pretende entrar na vida política me pergunta como deve se preparar para isso. O que o aspirante a político, que está dando os primeiros passos na carreira, precisa estudar, ler e aprender? Em quais disciplinas deve investir? Que capacidades terá que desenvolver? Por onde começar, enfim?

Em muitas outras atividades as respostas a essas perguntas são bem mais simples. Há escolas e cursos específicos para esta ou aquela profissão, currículos já estabelecidos, etapas a serem cumpridas na carreira. Na política não é assim. As coisas são muito mais abertas, dependem de muitas variáveis, não obedecem a um roteiro previamente definido. Não existe uma faculdade para formar políticos, com professores, apostilas, exames e formatura ao final de quatro anos... O que existe, sim, são experiências, exemplos e conhecimentos acumulados, dos quais se podem extrair lições e um itinerário geral de conduta.

Sem plano de carreira

Talvez a primeira coisa a lhe dizer, é que a vida, com suas circunstâncias, é que vai realmente definir as condições da sua entrada na vida política e, depois, o percurso a ser seguido. Você não precisa ter um plano detalhado para dar o primeiro passo. Creio que poucos políticos têm.

Eu mesmo nunca me preparei para ser um político nem imaginei que um dia seria. Menos ainda que chegaria à posição mais alta da hierarquia política, que é a Presidência da República. É verdade que meu pai foi deputado, mas ele me deu poucos conselhos políticos. Estudei sociologia e fiz carreira como professor na Universidade de São Paulo. Entrei na política levado pelas circunstâncias, em 1978, depois de ser afastado da universidade e proibido de lecionar no Brasil pela ditadura. Seria possível reproduzir esta situação nos dias de hoje? Não creio. Aliás, espero que não. De lá para cá, muita coisa mudou no Brasil e no mundo.

Ser político, hoje, é muito diferente do que era ser político no passado, mesmo levando em conta as particularidades do momento em que eu comecei. Ou seja, o fato de eu não ter me preparado para ser político, e ainda assim ter sido bem-sucedido, não significa que seja dispensável alguma forma de preparo. Embora não exista uma formação específica para quem quer seguir a carreira política, como ocorre com os médicos, engenheiros ou advogados, entre tantos outros, é fundamental se capacitar, se preparar. Até porque ser político neste início de século não apenas é diferente, mas também é muito mais difícil do que era antigamente.

A sociedade atual é, no dizer dos sociólogos, uma sociedade em rede –, na qual a relação do político com seus seguidores e eleitores é sempre mediada em tempo real, pela televisão, pelo rádio, pela Internet, pela imprensa. Não era assim no passado, e essa é uma diferença importante. Hoje, para ter chance de sucesso, o político precisa dominar os meios de comunicação de massa. Isso não significa ter poder sobre eles, no sentido de controlar o que fazem. Mas é indispensável saber lidar com eles: estar familiarizado com seu funcionamento, conhecer seus ritmos, respeitar suas práticas, aprender como agem e reagem.

Eis aí um bom ponto de partida: ao se encaminhar para uma carreira política, você deve ter consciência de que sua caminhada será sempre feita em plena vista do público e na companhia dos meios de comunicação de massa. Procure, então, ir adquirindo todo conhecimento possível sobre a mídia e seus públicos. Quanto mais você entendê-los, melhor.

Quem entra na política também deve estar disposto, desde o início, a viver um processo contínuo de aperfeiçoamento. Se você não é capaz de lidar bem com as transformações do mundo, deve pensar melhor antes de seguir esse caminho. Não só na política, mas hoje em dia, em quase todas as atividades, é cada vez mais difícil assumir uma posição estática, como se tudo na sua vida estivesse definido para sempre, para não se mexer mais.

Antigamente havia no Brasil carreiras-padrão. Um jovem de classe média deveria ser médico, advogado, engenheiro ou professor – ou então padre, ou militar. Esse cardápio não variava muito. Hoje é completamente diferente. Além de haver uma infinidade de opções de profissões e áreas para se seguir, muda-se com facilidade de uma área para outra. Antigamente entrava-se numa carreira e ficava-se nela até morrer. O emprego era mais estável. A previsibilidade era a regra. Hoje o mercado é dinâmico. Os profissionais ficam pouco tempo em cada empresa ou posição, a tecnologia revoluciona tudo em períodos curtos de tempo e profissões novas aparecem a cada ano. Com isso, quem não se aperfeiçoa fica totalmente fora do jogo.

Duas capacidades básicas

Para lidar com essa realidade móvel, uma pessoa que pretenda atuar na política tem que desenvolver cada vez mais duas capacidades básicas.

Primeiro, precisa ter *visão global*. Tem que ser capaz de entender o conjunto das coisas e não apenas esta ou aquela parte.

Segundo, precisa ser *flexível* para se adaptar a circunstâncias novas e inesperadas.

Os políticos raramente têm visão muito aprofundada. Geralmente, seu olhar é mais superficial – mas é dirigido para muitas direções. Se alguém tem muito interesse por uns poucos temas, poderá ser até um grande especialista nisso ou naquilo, mas dificilmente se dará bem na política. Para ter uma visão global do Brasil e do mundo, é preciso saber algo da economia, da sociedade, dos avanços da tecnologia, das leis e assim por diante. Não é necessário, nem possível, ter conhecimentos profundos e específicos sobre cada um desses assuntos. Mas é essencial estar aberto à possibilidade de lidar com todos eles.

Além disso, os políticos, pelo menos os bons políticos, devem ter o espírito aberto para lidar com situações novas e imprevistas. Não se irritam nem se desanimam quando algo sai do planejado.

Ao considerar a possibilidade de entrar na política, você deve perguntar a si mesmo: serei capaz, sem me estressar muito, de dividir o tempo todo minha atenção por um leque variado de problemas? E estou disposto a viver a maior parte da minha vida ao sabor dos imprevistos?

2. Política para quê?

Existe uma pergunta que para mim antecede todas as outras: por que você quer entrar na política? Ou melhor, para quê? Digo-lhe que só vale a pena dedicar sua vida a uma atividade tão difícil e sujeita a tantos contratempos se você *acreditar em alguma coisa*.

Pode ser idealismo da minha parte, mas eu continuo pensando assim. Na vida política, ou você tem vocação para *servir o público,* ou é melhor não tentar. Porque, sem essa vocação, corre-se o risco de usar a política como escada para conseguir vantagens pessoais. Isso acontece em grande medida – e é o que causa repúdio tão grande do povo aos políticos.

Antes de tomar sua decisão, pense muito bem se você está realmente disposto a se jogar de cabeça por uma causa. As causas podem ser várias: contra a corrupção, contra a violência, a favor dos mais pobres, a favor da igualdade racial, a favor da liberdade, contra os abusos do mercado, contra o excesso de burocracia do governo, pelo respeito aos contratos e às leis, ou o que seja. Há mil razões para entrar na política. Mas é preciso ter alguma razão maior do que a vontade de "se dar bem". Sem isso, você pode até ter sucesso, mas não será, francamente, o tipo de sucesso que eu lhe desejo.

Se não for possível guardar certo idealismo, então para que entrar na política? Acredito que só se justifica entrar na política se você realmente acreditar que vai fazer algo efetivo para melhorar seu país.

Os jovens hoje questionam cada vez mais o comportamento dos maus políticos e desconfiam dos políticos em geral. Perguntam: por quais motivos uma pessoa de bem deveria se envolver na política, se essa é uma das atividades mais desmoralizadas do país?

Minha resposta é simples. Por mais desmoralizada que seja atualmente a atividade política, alguém tem que se ocupar da tarefa de governar o Brasil. Porque o Brasil, como qualquer outra nação, precisa ser governado. E se os melhores não cuidarem disso, a atividade política fica nas mãos dos piores, ou dos medíocres.

Como melhorar as coisas, como levar o país para frente, se os bons, os bem-intencionados, os que querem mais progresso e mais justiça ficam de fora? Apesar dos pesares, o Brasil teve enormes avanços em sua história recente – vou voltar a esse ponto em outra carta. E tudo o que foi conseguido se deveu ao trabalho de pessoas. Claro, foi muito mais um trabalho da sociedade do que do governo. Mas não dá para ignorar que o governo tem um papel importante nisso tudo e que as pessoas de bem não podem abandonar a política, porque são eles que podem fazer dela um instrumento de diálogo com a sociedade, ouvindo as diversas opiniões e entendendo as mudanças.

Você tem, então, uma razão de ordem moral para entrar na política: é porque não dá para ficar indiferente à maneira como o país está sendo governado. Não dá para dizer "sei lá, tanto faz". Porque o que fazemos e deixamos de fazer pelo país na política faz toda a diferença. Isso vai afetar a sua vida, a vida da sua família, o seu futuro.

Razões para participar

Reconheço que os jovens têm muitas razões para olhar com a maior desconfiança a possibilidade de participar da vida política. Mas às vezes eles não percebem que política não é só eleição, não é só "coisa dos políticos" e, principalmente, não é só isso que estamos vendo no noticiário de todos os dias, corrupção, mentira e violência. É também *atividade cívica*. É também a formação de opinião das pessoas em geral sobre os assuntos de interesse comum e a participação das pessoas nos debates. Se perdermos a capacidade de nos indignar, se desistirmos de influir nas decisões, então a politicagem toma conta de tudo e se perde a esperança de que as coisas melhorem.

Tem havido um aumento muito grande da participação cívica no Brasil. Há muito desencanto com a "política dos políticos", mas a sociedade brasileira tem se mostrado muito mais ativa do que se pensa. Veja, por exemplo, quantas associações de moradores existem pelo país afora. Quando você quer fazer alguma coisa num bairro, numa favela, não dá para entrar lá se não falar com um conjunto de líderes locais – às vezes até do mal, no caso do narcotráfico.

A verdade é que a sociedade brasileira é hoje um tecido muito mais complexo do que foi no passado. E por isso há bem mais oportunidades de participação política, não só nos partidos e eleições, mas em entidades locais, organizações não governamentais (ONGs), sindicatos, igrejas, movimentos sociais etc.

Você pode e deve participar da política mesmo sem pensar em ser político profissional. Quanto mais os jovens participarem, melhor para o Brasil. Pode ser a participação dentro da atividade escolar, nas questões do esporte, da música...

A música, aliás, é um caso interessante para explicar em que sentido falo em participação na vida da sociedade. Hoje há estilos musicais próprios dos jovens. Especialmente nos bairros pobres, rap, funk etc. são maneiras pelas quais os mais jovens buscam definir uma identidade própria. Formam várias "tribos", cada uma com seu estilo, sua forma de se manifestar, protestar, dizer a que vêm. Quem trabalha com esses grupos, sociólogos, jornalistas etc., sabe disso. Trata-se de organizações que na aparência não são políticas, porque não são ligadas a qualquer partido, mas que nem por isso deixam de ser formas de participação. São mecanismos de afirmação de identidade, de ampliação do espaço público.

E não é só através da música que a participação na vida pública pode ampliar-se. Hoje há movimentos em torno do combate ao racismo, do feminismo, da defesa do meio ambiente, uma série de temas que no passado nem entravam na agenda do país. Às vezes, entram mais na agenda da sociedade do que na dos partidos.

O fato é que a sociedade se mobiliza por essas causas. Até bem pouco tempo o que mobilizava era salário e emprego. Isso ainda ocorre, mas atualmente o peso das greves é menor do que foi nos anos 1970, 1980 e 1990. Por quê? Porque houve tanta mobilização que hoje em dia, dentro das empresas, há grupos que se organizam para discutir. Há os grupos da direção e o dos empregados que negociam. Não é por aí que passa a forma mais visível do protesto, porque essas questões já têm canais mais organizados e estabelecidos. Em outros setores, nos quais esses canais não existem, vê-se a mobilização da sociedade, que é bastante maior do que se imagina. E os jovens e as mulheres são os que mais participam, exatamente porque estavam mais excluídos das formas anteriores de participação e têm o entusiasmo dos que querem sair de uma situação de exclusão.

Há, portanto, várias maneiras de treinar para a atividade política. Na verdade, todas as formas de participação que mencionei requerem algum treinamento. Às vezes as pessoas treinam sem saber que estão treinando. Vou dar um exemplo que pode parecer estapafúrdio: programas de auditório. Neles existe sempre certa interação entre o apresentador, os convidados e a plateia que, mesmo sem ser contabilizada como se fosse política, ensina as pessoas a se expor, a se comunicar em público. Quem hoje está no programa de auditório, amanhã pode estar numa comissão de moradores representando os vizinhos.

Os interesses também contam

Eu disse que você deve entrar para a política por ter abraçado uma causa. É verdade. Mas não é toda a verdade: os interesses também contam. Nossa sociedade é muito diversificada. Há vários grupos sociais, várias classes, e os interesses das pessoas são variáveis, não apenas porque elas têm objetivos e valores diferentes, mas também porque em função da sua história, da história de sua família, de seus amigos, colegas de profissão ou de sua posição social você desenvolve interesses e entra em contato com teias diversas de pessoas que ora têm os mesmos interesses que você, ora, interesses distintos. Um exemplo simples: se o lugar onde você mora é alugado, você lutará para que o valor do aluguel seja rebaixado, que se mantenha ou que, pelo menos, não suba muito. Se você é o proprietário do imóvel, procurará, dentro de limites, o contrário. E assim ocorre em uma porção de outras situações nas quais há choque de interesses.

É natural que um político se situe frente a essa diversidade, que às vezes se torna mesmo uma divergência. E, conforme o partido que ele tome, representará interesses diversos ou conflitantes. Nas democracias, busca-se sempre um modo de fazer com que os interesses convirjam ou se aproximem. Não sendo possível, resolvem-se as diferenças pelo voto e pela lei. O político é quem encaminha tanto os choques quanto as soluções, seja no Congresso, seja no governo, seja na rua, com as mobilizações sociais e outras formas de pressão. Neste jogo, uma vez mais a mídia exerce papel importante, pois ela é fundamental para que os interesses se explicitem e para que as pessoas, os cidadãos, ao se posicionarem, reforcem ou rejeitem as propostas em jogo.

Entrar na vida política quer dizer, portanto, assumir posições diante da diversidade de interesses existentes na sociedade. Você lerá o significado desses interesses, para você e para o conjunto das pessoas, e de acordo não apenas com o que eles representam de imediato para você e para os demais, mas também em função da visão que você tiver do que é "bom" ou "mau" para a sociedade. Em função de sua, digamos, ideologia.

Não há nada de errado, nesse sentido, em representar interesses. Se você é um político correto, deve explicar sempre àqueles a quem você quer servir e à sociedade em geral os motivos pelos quais está defendendo um determinado interesse, tomando uma posição, digamos, a favor da gratuidade do ensino, contra ou a favor do aborto, ou do que seja. Sendo um político democrata, saberá que existem pontos de vista contrários que devem ser debatidos e respeitados, e que a regra básica é a da aceitação pela maioria, para que seu interesse seja expresso na lei, e o respeito à minoria, para que ela tenha, depois, a possibilidade de mudar a lei, pelo convencimento e pela pressão legítima.

Há, naturalmente, os "interesses inconfessáveis". Esses são os que servem de alimento ao mau político que muitas vezes diz defender uma "causa" para esconder a defesa, na prática, de algo que ele não diz, porque está contra a ética ou os costumes da sociedade. Não é a esses interesses, naturalmente, que me refiro quando digo que não há nada errado em você entrar na política para defender interesses e não só ideais.

As mulheres tomam a frente

Chama a atenção como as mulheres no Brasil, por causa da posição de desigualdade que tradicionalmente ocuparam (e elas querem mudar de posição, querem mais igualdade), têm uma verbalização melhor do que a dos homens. Têm mais argumentos e argumentam com mais energia. Em cidades grandes e pequenas, no centro e na periferia, para qualquer lugar que você vá, na verdade, as mulheres estão à frente das reivindicações.

Quando fizemos o programa Bolsa-Escola, ele funcionou bem porque o dinheiro era entregue à dona da casa, à mulher. É ela quem garante que a criança vá para a escola. É ela quem está à frente da família; é dela que tudo depende nas camadas mais pobres. E a criança tem só uma mãe. Os irmãos podem ser filhos de vários pais, mas a mãe é uma só. A mãe é a parte mais estável da família no Brasil porque, na maioria das famílias, com os pais ausentes, é ela quem assume a chefia do lar.

Apesar disso, continua a existir uma desigualdade de gênero muito grande no Congresso, onde ainda vemos muito poucas mulheres. Alguma coisa está desbalanceada. Por que na sociedade as mulheres têm um papel mais ativo e na vida partidária não? Isso é um erro da sociedade ou da vida partidária? Uma boa razão para o jovem – sobretudo a jovem mulher – entrar na política é para exigir mais participação feminina nos partidos. De qualquer forma, já notamos avanços: há mais mulheres, atualmente, em posições de comando. Temos governadoras, prefeitas, começamos a ter presidentes de empresas. É por aí o caminho, que não será fácil. Pois a ampliação da participação e mesmo a mudança das instituições não dependem apenas da vontade das mulheres – ou dos jovens, quando for o caso – participarem mais. Os partidos, como também as empresas, para dar outro exemplo, têm estruturas que em geral respondem a uma cultura machista. E é precisamente a quebra dessa cultura, com o aporte específico da perspectiva de vida diferente que as mulheres trazem, que faz falta para a modernização de nossa sociedade e de nossa política.

Os políticos amadores e os profissionais

Todos esses fatores podem estimular o jovem e a jovem a participar, mas a razão principal é a que dei no começo desta carta: é preciso participar porque a política é importante. Queira você ou não queira, tenha ou não tenha consciência, ela afeta a sua vida diretamente. Todo mundo precisa prestar muita atenção, porque vai sofrer os efeitos da política. Depois não adianta dizer: "Os políticos são um bando de sem-vergonhas."

Eu diria o seguinte: a política é importante demais para ser deixada só para os políticos profissionais. Sei que no mundo atual a política é cada vez mais especializada, ou seja, feita por profissionais. Isso é inevitável, mas é perigoso. É preciso que haja na política certo fluxo entre os profissionais e os não profissionais, os amadores, porque quando a política fica nas mãos só de profissionais, ela se distancia do resto da sociedade.

Quando falo dos políticos profissionais, refiro-me aos que vivem da política. No mundo de hoje você não governa sem contar com os profissionais, com as pessoas que dedicam a vida e fazem carreira dentro da política. Que começaram como vereadores e seguem em outros cargos. Esses formam o grosso do que se chama a "classe política". A atividade de governar depende dessas pessoas, mas não deve ficar só nas mãos delas.

Mesmo que você seja músico, trabalhador de fábrica, médico ou professor, há razões para se interessar por política e para, de alguma maneira, controlar a ação dos políticos profissionais. E, quem sabe, para participar, eventualmente que seja, da vida política.

A ação política não se limita aos partidos e ao Congresso. Há também o Poder Executivo, e no Executivo muitas vezes há gente que não é profissional da política. O bom governo precisa de profissionais do Estado, que são os funcionários de carreira. Por outro lado, o bom governo precisa arejar esses profissionais do Estado com a presença de pessoas que vêm da sociedade. Por exemplo: quando presidente, nomeei ministro da Educação o professor Paulo Renato Souza, que fez um trabalho excelente. Como? Ele soube recrutar gente da melhor qualidade na sociedade. Não eram pessoas que vinham da burocracia nem eram políticos profissionais. Isso também é política, e essas pessoas que vão para o governo, queiram ou não queiram, fazem política. É importante que a espinha dorsal do governo seja composta por gente mais especializada, mas é preciso também que esse núcleo seja ampliado.

A ideia de que "política é uma coisa suja" geralmente se refere ao Congresso, aos partidos e à relação incestuosa do

Congresso com o Executivo. Mas o comando, o governo em si, é muito mais amplo do que isso. Há espaço para muito mais tipos de pessoas do que somente os políticos de carreira. Política é tudo o que tem a ver com o comando, com a direção da sociedade, tudo o que diz respeito à forma como o país está sendo conduzido. Todos nós devemos participar dessa direção – quanto mais participarmos, melhor.

Supersalários e corrupção desmoralizam a política

Velhos erros e vícios que foram se acumulando nas práticas políticas ao longo de todos esses anos causam indignação e afastam os jovens. Por exemplo, a remuneração de vereadores acabou ficando injustificadamente elevada. Até alguns anos atrás os vereadores não eram remunerados. O tempo passou e hoje, onde não havia nada, há demais. Em algumas cidades, a Câmara se reúne uma ou duas vezes por semana por algumas horas. A remuneração, aí, é uma extorsão ao contribuinte. Outra coisa são as Câmaras das cidades maiores ou o Congresso Nacional, que exigem dedicação integral. Se não fossem remuneradas, teriam só ricos fazendo parte. Não deve ser assim. Na medida em que a política requer profissionais, também requer remuneração. O que não pode é haver remunerações altas demais. E tampouco se justificam os salários disfarçados, verbas que são dadas aos gabinetes e que, em certos casos, são usufruídas pelos parlamentares. Melhor dar-lhes abertamente salários condignos do que tentar tapar o sol com a peneira, dando-lhes recursos para contratarem terceiros, que acabam sendo usados para contratar parentes ou, pior ainda, para os parlamentares se apossarem de parte dos salários que seriam de seus assessores.

Em certos casos, em algumas Câmaras de Vereadores, bastaria receber um jetom, por sessão em que a pessoa participasse, não precisaria ter um salário. Hoje, o gasto público destinado a financiar a atividade política é muito elevado. Nós temos mais de 5.500 municípios e estamos pagando os salários de dezenas de milhares de vereadores e assessores. Há um nítido exagero nos salários e em todo o dinheiro que é posto à disposição das Câmaras Municipais, Assembleias Legislativas e do Congresso, para pagar o enorme aparato que foi sendo construído em volta da atividade parlamentar. Mesmo comparando com outros países de renda equivalente ou mais alta, é um exagero.

Ainda quando os representantes devam ser remunerados, é vergonhoso ganharem várias vezes mais do que a remuneração média das pessoas que representam. Criou-se uma distância enorme entre o salário médio de um parlamentar e o salário médio de um profissional qualquer, mesmo dentro do governo. Quando se compara, o salário médio do Judiciário e do Legislativo é algumas vezes maior do que o do Executivo. Isso choca a sociedade. E acaba sendo possivelmente um mau atrativo, pois quem entra na política para ganhar mais não está começando pela razão certa.

Fossem só os altos salários e os recursos adicionais, nem sempre transparentes, postos à disposição dos parlamentares, já haveria motivos para a reação ambígua das pessoas comuns frente à política. Os honestos se horrorizam, os mais inclinados à indulgência passam a ver na vida política uma boa oportunidade para "melhorar de vida". Mas há mais: a corrupção infelizmente se ampliou muito e, pelo que se lê na imprensa e se ouve no rádio e na televisão, levou recentemente à formação de quadrilhas ligando empresas e setores do governo a alguns partidos e a muitos parlamentares. Isso provoca um misto de indignação e indiferença. Há tanta corrupção, dizem alguns, que não se tem como melhorar as coisas. Desanimam.

Não surpreende, então, que as pessoas olhem os políticos como aproveitadores. A sensação que a sociedade tem é que quem entra na vida pública está lá para "tirar vantagem". Os abusos e erros foram se acumulando historicamente e atualmente passaram a ser sistêmicos, apoiados em setores da máquina pública. Mas não acho que tais distorções devam ser razão para um jovem não participar da política. Ao contrário: deve participar para tentar mudar esse estado de coisas. Porque se supõe, e é verdade, que o jovem seja menos conformista. Boa parte dos que estão há muito tempo atuando como políticos profissionais já se acostumou, já tem um padrão de vida elevado e não quer mudá-lo. É difícil diminuir o padrão de vida. O jovem, em geral, tem mais energia para mudar as coisas. Tem até mesmo mais ilusões, e isso é importante. Não há sociedade que se desenvolva sem ilusão, sem ideal. Sem alguns objetivos altos, sem utopia, não se avança. É da natureza da utopia não ser alcançada, mas é também da natureza da vida necessitar de alguns ideais, embora não completamente alcançáveis, porque isso move as pessoas. Há quem diga que "os jovens de hoje perderam o ideal". Pode ser. Mas acredito que isso dependerá não só deles, e sim de todos nós – os políticos por vocação, os pregadores, a mídia, enfim, a sociedade civil, oferecermos resistência às distorções correntes para que o jovem possa vislumbrar caminhos melhores.

Na carreira em que você está iniciando, assim como na vida, você que é jovem não deve se mover só por objetivos que possa atingir facilmente. Tem que buscar o melhor. Porque há objetivos que não são integralmente alcançáveis, mas dos quais você consegue se aproximar. Ao ficar mais perto de uma meta ambiciosa você ajudou a deixar a situação melhor do que a encontrou.

3. Dois exemplos de político com "p" maiúsculo

Nestas cartas, vou falar principalmente da política de todos os dias, tomando como base as realidades do Brasil atual e pensando nos atributos mais acessíveis para o maior número de pessoas interessadas em ingressar e crescer na vida política. Uma coisa é você ser político no sentido comum. Outra é você ter visão de estadista. Aí já é mais complicado; poucos têm essa capacidade.

Estadista é aquele que projeta o futuro do seu país, consegue enxergá-lo no contexto mundial e é capaz de conduzi-lo nessa direção. Políticos comuns existem aos milhares, os estadistas são bem poucos.

Obviamente, não é preciso ser estadista para fazer um bom trabalho como político. Tanto os políticos comuns quanto aqueles que têm uma visão de estadista são necessários para qualquer país. Mas estar familiarizado com as marcas fundamentais do estadista não faz mal algum a quem queira iniciar-se na política.

Para isso vale a pena conhecer as biografias de dois homens que fizeram notáveis trajetórias políticas no século XX e estiveram à frente de seu país num momento crucial da história contemporânea – a Segunda Guerra Mundial, quando a presença de verdadeiros estadistas no leme do Estado era uma questão de vida ou morte. Estou falando de Winston Churchill, que foi primeiro-ministro da Grã-Bretanha, e de Franklin Roosevelt, presidente dos Estados Unidos no mesmo período.

Roy Jenkins, um lorde inglês que também foi político, escreveu excelentes biografias de Churchill e Roosevelt. Vale a pena lê-las

O trabalho de Jenkins nos dá um excelente retrato de pessoas capazes, através de seu pensamento e seus atos, de ter uma visão superior da atividade política. Embora pessoalmente eles tenham tido estilos muito diferentes, os dois eram estadistas.

Churchill: escritor e homem de ação

Winston Churchill, até virar ministro, era considerado um tipo estranho e, até mesmo, pouco sério. Ele não cursou a universidade Oxford ou Cambridge, o que na Inglaterra é uma condição quase indispensável para alguém se tornar político do primeiro time – principalmente Oxford, que tradicionalmente forma as grandes figuras da vida pública britânica.

Churchill não conseguiu entrar nas universidades de elite nem obter grande distinção acadêmica. Foi oficial de cavalaria e jornalista. Bebia muito, como se sabe. Mais do que preparo político, tinha uma formação literária forte. Escrevia muito bem, foi correspondente de guerra. Vivia da autoria de livros. Costumava viajar com a mãe, que, por sinal, também era uma pessoa bastante controvertida. Não obstante isso tudo, Churchill se destacou mundialmente e até hoje é lembrado como uma grande figura política do século XX.

É curioso como as qualidades que uma pessoa apresenta na sua vida cotidiana não são necessariamente aquelas que vão distinguir o grande político. Pessoalmente, ele pode até possuir muitos defeitos. O importante é que seja capaz de tomar decisões tendo em vista o futuro.

O elemento crítico, em termos de qualidades pessoais, é ter coragem. Isso é fundamental, a meu ver. Não há político que preste sem coragem. Porque num certo momento será indispensável tomar decisões que contrariam muita gente; será preciso, até, tomar decisões quase sozinho. O estadista é aquele que, uma vez convencido do pleno acerto de uma decisão importante, só aceita uma atitude de si mesmo: tomar essa decisão. Por mais difícil que seja, ele resolve ir em frente por um caminho, ainda que contra todos, e insiste até ganhar, porque vê lá na frente que é isso, e não outra coisa, que deve fazer.

Churchill foi, sem a menor dúvida, um dos mais extraordinários exemplos de político capaz de agir com esse tipo de coragem.

Essas características não são algo que já vem pronto com a pessoa. Ninguém nasce sabendo isso tudo – como projetar o futuro da nação, como se capacitar para as grandes decisões, como desenvolver a coragem que a ação de um verdadeiro estadista exige. É preciso aprender. Depende dos desafios que você enfrenta, depende de oportunidades.

Roosevelt: equilíbrio entre convicção e circunstâncias

Roosevelt era, como Churchill, de família aristocrata. Pertencia à antiga elite americana de origem holandesa, gente que foi para Nova York no início da colonização dos Estados

Unidos. Era um homem de boa formação, mas, também como Churchill, não se imaginaria que ele seria um grande estadista. Por exemplo, teve a infelicidade de ter paralisia infantil quando já era adulto.

Roosevelt era, em muitos sentidos, o que se chama de "politiqueiro". Manobrava muito, era uma pessoa complicada sob vários pontos de vista. Sua mãe tinha um poder imenso sobre ele, maior do que o da esposa. Sua vida conjugal foi sempre complicada. Não obstante tudo isso, ele conseguiu desenvolver uma visão geral do seu país e do mundo, entendeu o caminho da América, enfrentou desafios, escolheu a hora certa de fazer o que era necessário.

Curiosamente, para quem passou por tudo o que ele passou, Roosevelt era acusado de não tomar decisões. Muitos o consideravam indeciso e diziam (eis aí uma coisa que dizem de mim também...) que concordava com todo mundo. Não é que ele concordasse com todo mundo – ele ouvia todo mundo.

Churchill e Roosevelt são pessoas diferentes que em comum tiveram a coragem, a visão de futuro, a capacidade de tomar decisões e a firmeza de se ater a elas.

Roosevelt queria ir para a guerra, porque tinha a certeza de que era indispensável para seu país e para a civilização derrotar o Eixo nazista. Ele sabia que os Estados Unidos acabariam indo para a guerra. Mas disse o tempo todo que não ia para a guerra. Percebeu que os americanos não queriam se meter na guerra da Europa, não desejavam se envolver num conflito que, no seu início, não os afetava diretamente. Tratou, então, de equilibrar sua convicção com a circunstância política do momento, sem abrir mão da primeira e sem ignorar a segunda.

Churchill, com a Inglaterra sob pleno ataque nazista, foi forçando Roosevelt a aliar-se a ele no combate. Roosevelt, por sua vez, foi levando, levando, até que houve o ataque dos japoneses a Pearl Harbor. Então ele entrou na guerra, com o máximo de apoio da opinião pública. Não fez isso de improviso, ou por se ver forçado. Como um estadista capaz de antecipar de maneira correta o futuro, e disposto a cumprir o que estava convencido que deveria fazer, no momento em que as realidades tornassem inadiável o cumprimento de seu dever, Roosevelt já estava se preparando para a guerra. Não dizia, mas já estava. Não contrariou abertamente a opinião da grande maioria dos americanos. Em vez disso, esperou o momento certo de fazer o que queria.

Não estou sugerindo que você, para ocupar um espaço relevante na vida política de nosso país, tenha como meta repetir o desempenho de Churchill ou de Roosevelt. Também não estou dizendo que é indispensável ser um estadista extraordinário para exercer um papel decente, útil e vigoroso na vida pública. Estou apenas chamando a sua atenção para elementos de conduta que, em qualquer época, circunstância ou lugar fornecem um norte a seguir: visão de futuro, capacidade de decidir na hora certa, coragem para manter as decisões.

4. Saber a hora – e outras coisas...

Ao falar sobre Roosevelt, na carta anterior, lembrei sua capacidade de esperar o momento certo para agir. Essa é uma lição preciosa para quem pretende desempenhar um trabalho positivo na política. O senso de oportunidade – a capacidade de andar em compasso com as realidades do momento, evitar tanto a precipitação como a protelação – é algo que você deve desenvolver do primeiro ao último dia de sua carreira política.

O limite entre senso de oportunidade e oportunismo pode ser tênue. Pode-se errar nisso, e muito. E a consequência do erro pode ser vender a alma ao diabo para obter um resultado, aproveitando a vantagem ou situação favorável que o momento trouxe. É sempre um perigo. É sempre um risco.

O que fazer? Primeiro, não esqueça nunca quais são os valores fundamentais para você. Não faça algo contra esses valores só porque surgiu uma oportunidade de obter um ganho imediato.

Coragem para errar e enfrentar a derrota

Infelizmente não existe um manual que ensine o momento certo de tomar uma decisão. A atitude mais adequada para quem quer ser um bom político é ter a consciência clara de que no exercício dessa carreira você vive sempre perigosamente. Na política verdadeira, você sempre se arrisca a errar, a perder. É assim, e é perfeitamente normal que seja assim. Política não é atividade para os que se pretendem infalíveis ou para os que façam questão de ganhar todas. O que realmente importa, o que vai fazer a diferença entre um bom e um mau político, é ter coragem para corrigir o erro e enfrentar a derrota. Não insistir naquilo que está errado e saber recuar quando necessário. Isso se chama sabedoria.

Para ser um bom político é preciso, igualmente, ser capaz de ouvir. Quem só gosta de ouvir a própria voz... é melhor pensar em outra carreira. Como no caso de Roosevelt, ouvir muito não significa ser vacilante, incapaz de pensar ou de agir por si. Significa, isso sim, a possibilidade de adquirir mais conhecimentos, informar-se melhor, avaliar o peso de outras opiniões, entender com mais clareza e de forma mais ampla o que está acontecendo. Pode significar, até, a oportunidade de refazer uma posição e prevenir um erro.

Também é essencial ser capaz de influenciar os outros. Uma pessoa jamais conseguirá ser alguém na política se não tiver capacidade de convencer, de inspirar, de obter adesão para seus pontos de vista, de servir de exemplo. Para isso, tem que saber falar. No caso do Brasil, então, um país que valoriza a cultura oral, tem que saber falar mais ainda. Aqui você pode escrever o que quiser – não tem importância. O que vale, no fim das contas, é o que você fala. Para dar um exemplo: o ex-deputado Roberto Jefferson, figura central nos fatos que abalaram a política brasileira ao longo de 2005, teve um impacto colossal com seu desempenho na televisão, mobilizou a atenção do país inteiro, foi até aplaudido pelas pessoas que o ouviram. Não vou julgar se estava certo ou errado. O fato concreto é que ele mostrou-se capaz de influenciar. Carlos Lacerda, que foi um dos adversários mais duros de Getúlio Vargas em seu segundo mandato, também fazia isso – e também influenciava.

Às vezes, num determinado momento, você consegue exercer influência. Em outros não consegue. Não é sempre que se consegue influenciar, depende de oportunidade. Mas se a pessoa não tiver condições, nunca, de influenciar os outros, não adianta. Gente muito embutida não vai funcionar, sobretudo na nossa política, que é uma política de massa, que requer uma participação mais ativa do homem público. Tem que conseguir falar com o povo, tem que dar o recado – e de várias maneiras.

Sim, porque não existe apenas uma maneira de dar o recado. Falar com o povo e influir em sua opinião não quer dizer que o político deva, sempre, falar alto, ser teatral, ter dotes de orador de massas, empregar a linguagem considerada mais "popular". Vou dar um exemplo pessoal. Eu ouvi, a vida inteira, que não conseguiria ter votos porque sou professor. Os que queriam me criticar diziam que eu era pedante, que eu sabia mais francês do que português, o que obviamente é mentira. E eu sempre tive muitos votos. Nunca mudei meu modo de ser, sempre falei do jeito que falo, como professor. Falo como professor porque a verdade, simplesmente, é que sou professor; esta é a minha profissão original, que exerci durante anos a fio.

O professor e o político

Lembro-me da primeira vez em que participei de uma campanha eleitoral e apareci na televisão, em 1978. Fui uma decepção para os meus companheiros. A eleição era para o Senado, por São Paulo, e Cláudio Lembo era o meu adversário. Eu falava assim como falo hoje, não gritava, não falava como um ator, enfim, não representava um personagem que eu não era. Apesar disso, sempre tive muitos milhões de votos, mesmo quando perdi – pois eu não me elegi senador naquela oportunidade, mas fiquei suplente do senador Franco Montoro e tive mais votos que meu adversário da Arena (o partido dominante de então), e perdi depois, nas eleições para a Prefeitura de São Paulo, para Jânio Quadros, que era sem dúvida um ator fantástico, e mesmo assim perdi por pouco.

Jânio talvez tenha sido o primeiro político no Brasil que realmente entendeu a linguagem simbólica de comunicação de massa. Ele andava com caspa, com rato na gaiola, brandia uma vassoura, sabia lidar com todos esses símbolos de combate à corrupção. Eu não tinha o menor traquejo nessa forma de comunicação. Com seu jeito de se comunicar, Jânio ganhou uma porção de eleições. Eu, com o meu jeito, também. Cada um tem que saber escolher o passo mais adequado para si próprio. O indispensável é que você, de alguma maneira, influencie, que você transmita o que pensa e que, enfim, você tenha coragem para tomar decisões.

Tenha sempre em mente que existem muitas estradas diferentes para se conduzir na política e muitas maneiras de se preparar para ser um político. Acredito que não errará na escolha se optar pelas formas de ação e de preparo que forem mais fiéis à sua própria maneira pessoal de ser.

5. A arte de reunir pessoas

Você vai ser maior ou menor, na carreira política, na medida em que for mais ou menos capaz de enxergar longe e de se antecipar ao tempo. Estadista, como já vimos, é quem se antecipa ao tempo, entre outras coisas. Não necessariamente o político precisa se antecipar ao tempo. Ele pode ser um bom político, bom deputado, bom governador ou bom presidente da República e não ser estadista, como também já vimos – ou seja, não é obrigatório que consiga ter em sua cabeça um desenho nítido de como será o futuro. Mas terá clara vantagem, e muito mais chances de sucesso como uma pessoa relevante na política, quem não ficar preso ao momento presente, quem exercitar o seu raciocínio para o que está adiante, quem tiver os olhos abertos para as possibilidades do futuro. Isso o ajudará, de forma decisiva, a agir melhor no aqui e agora.

A mesma coisa se dá com a maneira de falar, o modo de se relacionar com o público. Não é indispensável ter um extraordinário talento como orador, mas todo jovem disposto a comprometer-se com a vida pública deve estar ciente de que irá tanto mais longe quanto mais eficaz for a sua comunicação com as pessoas. Há os políticos que preferem falar quase coloquialmente com as massas. Lula faz isso. O senador Teotônio Vilela, pai, fazia isso também. Outros fazem discursos mais esbravejantes, ou mais indignados. Há os que gostam de falar de um modo mais racional, privilegiando mais os fatos e menos as emoções. Há os que priorizam o que já fizeram e pretendem fazer, e assim por diante.

O que me parece claro nisso tudo é que o falatório de muita forma e pouca substância, a oratória de palanque, o famoso "falar bonito", não funciona mais. Hoje, como a retórica alcança o público mais depressa do que aquilo que está sendo dito, a mensagem não consegue ser transmitida, não chega aonde deveria, pois torna-se cansativa. Quando a pessoa fala com muito palavreado, "linguagem de político", como se diz, não comunica direito. O linguajar de muitos políticos de hoje, que é o mesmo de ontem, não comunica. Simplesmente não é eficaz. O que vale mesmo, para um político que pretenda ser contemporâneo, é sair da discurseira oca, do culto à frase feita, do palavrório talhado para puxar palmas, e tratar de convencer as pessoas daquilo que acha certo, de transmitir com clareza o que pensa – de fazer, enfim, sua mensagem atingir o alvo. Isso é comunicar-se com eficiência. Isso é influir.

E o que seria preciso a pessoa saber, quais os conhecimentos deveria adquirir, qual o nível de cultura precisaria ter, para atuar de modo positivo na vida política? A questão se coloca com frequência junto aos jovens que despertam para a carreira. Você não precisa, na verdade, ser sofisticado intelectualmente para ser líder político. Lula, por exemplo, não é. E quando disseram que ele não poderia ser presidente da República porque não tem curso superior, eu protestei na hora. Pode ser que lhe faltem outras capacidades, mas pela ausência de formação universitária.

Visão estratégica

O problema não está na soma de coisas que você sabe ou não sabe, e sim no seu preparo para trabalhar de forma estratégica em posições de responsabilidade. Crescentemente, o mundo de hoje precisa de pessoas que tenham certas condições para definir o que está incluído num futuro estratégico. Há muita gente que não é política e tem visão estratégica – muitos homens de negócios, por exemplo, intuem corretamente o que está para vir e agem nessa direção. Sem falar nos artistas que se antecipam a seu tempo.

Dificilmente chegará muito longe na política quem não tiver essas condições. Sem senso estratégico dos objetivos a alcançar em mais longo prazo, você fica limitado a atuar como um tático. Pode lidar com a dificuldade específica e limitada de hoje, mas não vai além disso. Se o político não estiver preparado para enxergar mais longe, pode simplesmente não saber o que fazer. Ou pode até antever uma situação, mas não sabe como agir para resolvê-la. E, para saber resolver, é indispensável, mais do que acumular uma montanha de conhecimentos pessoais, somar competências.

Estou convencido que cada vez mais, na política moderna, o grande político é o homem que consegue reunir pessoas de talento. Hoje ninguém mais pode saber tudo sozinho. A maneira de lidar com isso é se cercar das pessoas certas – atrair gente competente, formar equipes que saibam trabalhar com eficiência, motivar todas essas pessoas.

Trata-se de algo muito complicado, porque os políticos (sobretudo os grandes políticos) são necessariamente pessoas de temperamento expansivo, forte. Têm presença e geralmente inibem os outros. Como é que você deixa o outro falar e o ouve? Como criar uma situação em que a sua vantagem desaparece para que a vantagem relativa do outro, que é em outro terreno, apareça? É difícil, mas tem que ser assim. Tem gente que não aceita e apela para a sua posição hierárquica para não deixar acontecer uma relação igualitária. Dificilmente, no mundo moderno, essa pessoa vai ser grande. Não só na política – numa empresa é a mesma coisa.

Não tenha medo do talento dos outros

Por mais difícil que seja, você tem que ter a capacidade de reunir pessoas, o que, no fundo, é uma marca de autoconfiança. Você que está iniciando uma carreira política precisa saber desde já que pode, sim, deixar que o outro fale. Não deve ter medo do outro, nem das virtudes que ele possa mostrar. Quem não for suficientemente confiante para dar espaço ao outro... com certeza tem tudo para começar mal. O pior erro do político é disputar com seu subordinado hierárquico – não pode. Você tem que correr o risco de alguém lhe passar à frente. E se passar? Vai fazer o quê? É da vida. De repente aparece alguém que é mais capaz que você. Se você insistir em não abrir caminho para o outro, em abafar, em boicotar, não vai conseguir nada de bom com isso.

Essas coisas não se ensinam no colégio mas na vida. Aí você tem uma espécie de socialização do aprendizado, um treinamento para ser político com base nas suas experiências reais do dia a dia. E esse treinamento começa cedo, mesmo que não seja consciente.

Vamos pegar um exemplo contemporâneo: Lula. Eu o conheci em 1977, no Sindicato dos Metalúrgicos de São Bernardo do Campo, em São Paulo. Tanto quanto eu, ele também não sabia que ia ser político, nem presidente da República. Na verdade, Lula era contra esse mundo da política – contra os políticos do momento, contra partidos, contra tudo. Mas já era o líder do sindicato. Ou seja, embora não tivesse naquela época planos de tornar-se líder político, estava treinando para ser uma liderança ali. Já influenciava, em suma – e muito.

Comigo foi parecido. Quando eu estava na vida acadêmica, não sabia o que me reservava o futuro, mas exercia influência sobre os meus colegas. No ginásio eu já era do grêmio estudantil. Na universidade fui representante dos ex-alunos no Conselho Universitário. Depois fui eleito para a Congregação. Eu não tinha na cabeça a ideia de ser político. Mas mesmo sem ter consciência estava desenvolvendo habilidades para lidar com os outros em situações variáveis e complexas. Há, portanto, mil maneiras de você ser treinado para a necessidade básica na vida pública que é agir em conjunto com outras pessoas.

Frequentemente os empresários não se adaptam bem à política porque são treinados numa estrutura muito hierárquica, na qual você dá ordem e o outro logo obedece. Embora nos partidos e na política tradicional a competição entre as lideranças seja forte e, frequentemente, o chefe conte com a submissão dos seguidores – o que dificulta até mesmo o ingresso dos mais jovens na carreira –, na grande política não é assim. Para eleger-se governador ou presidente você tem que convencer os outros, não só os que lhe são próximos. Precisa, portanto, preparar-se para ser um bom negociador e não apenas um "mandão". Sem esquecer que negociação é uma coisa, barganha é outra, embora estejam sempre próximas. Vulgarmente, quando se fala em negociação, as pessoas entendem que se trata daquilo que é feito por baixo do pano. Não é isso. Na política democrática, que requer inclusão de adeptos e alianças, não se pode querer tudo. A saída é buscar o máximo que seja possível, cedendo em alguns pontos, para preservar o essencial. É desse tipo de negociação que estou falando.

6. A grande escola do Congresso

O bom político tem que aprender a se reciclar permanentemente. O que era ser político há trinta anos é completamente diferente do que é hoje. Há cem anos então, nem se fala – a política não era aberta para todos como atualmente. Por isso a lista de requisitos para um bom desempenho pouco tinha a ver com aqueles necessários para o momento em que vivemos.

A reciclagem está ligada às experiências que se vai adquirindo ao longo da carreira política – aqui, também, trata-se de uma espécie de treinamento. Como já disse, a verdade é que você começa a se formar na política, sem saber, antes de ser político. Estou falando o tempo todo, nestas cartas, do político num regime democrático; numa situação na qual vigora o autoritarismo, o político pode ter outras características. No contexto da democracia, o político geralmente vai se formando na sua relação com os partidos.

É verdade que no Brasil as coisas não se passam da mesma maneira como em outros países. Aqui os partidos não têm tradição de oferecer ao político uma carreira feita basicamente dentro da máquina partidária. Quando você tem um regime parlamentarista, o que não é o nosso caso, todo esse processo é naturalmente bem mais estruturado. Entre nós, além daqueles a que já me referi, que abraçam uma causa e por isso se candidatam, há muitos que representam interesses. Têm um eleitorado, ou, no caso dos políticos que ocupam posições não submetidas ao partido, têm afinidades com grupos da sociedade com interesses específicos. Como em nosso sistema os partidos não são os canais únicos para a "carreira política", os que se lançam a ela procuram apoiar-se em grupos sociais com interesses expostos – por exemplo, uma igreja evangélica, os bancos, os sindicatos e assim por diante. E não se trata de interesses mutuamente exclusivos, embora em casos – limite possam ser, como se alguém quiser representar os interesses dos bancários e dos banqueiros, simultaneamente. Claro, há situações nas quais pode existir um "interesse geral", como preservar a democracia, o que contempla a ambos os grupos.

Backbenchers, frontbenchers

O político, no sistema parlamentarista, tem compromissos de disciplina e de obediência em relação aos chefes partidários, cumpre o papel que lhe determinam e, em consequência, recebe treinamento no Parlamento, dentro do seu partido. No Parlamento da Inglaterra os chamados *backbenchers*, os representantes que ocupam os assentos lá de trás, quase nunca falam. Não podem. Quem fala é o líder. Se você tiver oportunidade, vale a pena assistir pela BBC, que os canais de TV a cabo retransmitem no Brasil, a uma sessão de debates da Câmara dos Comuns. De um lado fica o primeiro-ministro, ou o ministro do Exterior, ou do Tesouro, que são todos parlamentares e sempre muito bons nesses debates de um minuto. São eles que respondem o tempo todo às perguntas e críticas da oposição, que também só se manifesta através de suas lideranças hierárquicas. Os que estão lá atrás não falam nada, só votam e esperam a vez de chegar às posições de liderança. Tudo é mais ou menos hierarquizado; leva muito tempo para se tornar um *frontbencher*, passar para os assentos da frente. O Parlamento e os partidos são como uma escola na qual os políticos vão aprendendo. Com o tempo, os que estão lá atrás desenvolvem capacidades, obtêm votações mais expressivas nas eleições populares ou se destacam na defesa de um interesse e/ou de uma causa, e são promovidos na hierarquia partidária.

No nosso caso as coisas não seguem esse tipo de ordem. Primeiro, no Brasil há grande mobilidade social, geográfica e grande dinamismo urbano, o que leva a que se consolidem menos regras, menos praxes, menos modelos preestabelecidos, incitando mais pessoas a participarem e a obter posições políticas relevantes. Com a frouxa institucionalização dos partidos e com o pequeno grau de sua organização, prevalece certo elitismo no qual os "caciques" tradicionais, as cúpulas partidárias pesam decisivamente na ascensão dos membros. O único partido mais organizado que parecia apresentar outro estilo de política, o PT, quando chegou ao governo mostrou as mesmas, e até maiores distorções. Os políticos, então, têm menos tempo de treinamento, de oportunidades, de experiências e de aprendizado na vida partidária, parlamentar ou eleitoral.

Mesmo assim, quem foi deputado ou senador sabe o quanto se aprende no Congresso. Acho até que hoje em dia, dentro de um regime democrático, é um risco ir direto para a Presidência da República sem passar pelo Congresso. Aliás, não houve caso nos últimos tempos. José Sarney era membro do Congresso, Itamar Franco também, Fernando Collor foi deputado, Lula também, eu fui senador. O Congresso, em geral, é o caminho principal onde você aprende, na convivência com seus pares, os requisitos necessários para influenciar, para liderar, para decidir.

Nos Estados Unidos, geralmente o político é governador antes de ser presidente. Aqui no Brasil, Juscelino Kubitschek, Jânio Quadros, Sarney e Collor foram governadores. Itamar, eu e Lula não fomos. De qualquer maneira, é muito difícil uma pessoa "de fora", alguém que não tenha tido alguma experiência política anterior, obter a mais alta posição. Pode ocorrer, mas não é a regra. No caso do Collor, diziam que ele era uma pessoa de fora do sistema. Mais ou menos. Ele era *outsider* no sentido de não estar submetido a um partido, mas não no sentido de não ter experiência com o jogo político.

Política parlamentar *versus* política de massa

Experiência parlamentar, portanto, é parte importante da trajetória de um político que pretenda ascender na carreira. E não basta apenas estar no Congresso: mesmo lá há graus diferentes de exercício da política. Há os que estão no centro das ações e há o chamado "baixo clero", que são os parlamentares que não têm acesso às comissões mais importantes, à mesa de direção e a outras posições de influência.

Gente do "baixo clero" pode subir de repente queimando etapas? Pode, como constatamos recentemente, embora não seja comum. Na Inglaterra, isso simplesmente não seria possível. Lá é o líder do partido que fica no centro das discussões – ele e a hierarquia do partido.

Aqui não é tão importante ter posição no partido. Poucos sabem quem são os presidentes dos partidos. Eu nunca fui. Fui vice-presidente do PMDB da seção São Paulo e só me tornei presidente dela porque Mário Covas foi para um cargo executivo e eu o substituí. Itamar Franco também não passou por grandes posições na hierarquia partidária. Lula deixou logo que pôde a presidência do PT para ser presidente simbólico ou honorário – em resumo, não fez carreira dentro do partido. É curioso isso. Os políticos profissionais de partido dificilmente chegam ao topo. E mesmo os políticos que gostam muito do Parlamento, de estar na mesa do Congresso ou de ser o líder, também esses, em geral, ficam por ali. A liderança de bancada, aliás, é perigosíssima porque você, em geral, perde o contato com o eleitorado por ficar muito envolvido no dia a dia do Congresso. Eu fui líder no Senado do PMDB e do PSDB. Mas, como disse, não fiz minha carreira dentro da estrutura do partido.

Para ir mais longe, principalmente no Executivo, você tem que passar pela política de massa. Fazer política de massa, hoje, significa estar na mídia, e a mídia, de alguma maneira, seleciona quem fala. Não é o partido quem diz quem pode falar. Precisa ter jeito para isso. Não há muito mais do que vinte políticos, entre todos os que existem no Brasil, que aparecem diante da opinião pública nacional. Para o bem ou para o mal – não estou julgando. A mídia seleciona quem é capaz de mostrar alguma marca, alguma expressão. Não importa tanto a posição em relação ao governo ou se o político é muito ruim ou muito bom. Mesmo os que têm a marca do mal – pois a mídia precisa dessas pessoas para poder fazer o jogo de contraposição ao bem.

É como se fosse um teatro, uma representação. Mas não pense que tudo é falso. Não se trata de pura representação, de puro teatro. Há sempre, por trás, algo real que se está exprimindo. Às vezes é muito difícil entender esse jogo entre a realidade e a encenação. Quando se entende, fica clara a necessidade, para o bom político, de possuir qualidades reais, virtudes mesmo, que permitam expressar valores e interesses. Sem elas, não adianta: a pura representação – a teatralidade – por melhor que seja, não vai resolver, não fará a ligação necessária entre o político e as pessoas ou os grupos cujos valores e interesses ele queira representar.

Isso é mais uma característica paradoxal do mundo contemporâneo. Dispomos, cada vez mais, de uma máquina administrativa enorme, formamos sociedades imensas, com tecnologias avançadas, atuamos com intermediação da mídia e, ao mesmo tempo, requer-se do político, cada vez mais, dotes de ator. Sim, é útil que o político tenha características de ator. Mas no bom sentido, não no mau. Não no sentido de parecer algo que você não é. Por isso mesmo eu falei de *representação*. Quando o político deixa aparecer que seu jogo de cena é pura falsidade, a representação também não funciona. Ele não transmite uma mensagem, não convence.

Não existem muitos estudos sobre isso, nem boas teorias capazes de explicar como essas coisas acontecem e se desenvolvem. A verdade, ao fim das contas, é que, para ser realmente um bom político, o indivíduo tem que ter um conjunto de qualidades – coragem, capacidade de se adaptar ao imprevisto, visão para se antecipar e tudo o mais que já foi mencionado nestas cartas. E, ainda por cima, precisa ter a capacidade teatral de transmitir uma mensagem. Este é o "pacote completo" que se exige para um político ideal.

É claro que estou me referindo a um personagem que não existe... Política não se faz só assim. Política, e mesmo boa política, não se faz com seres humanos perfeitos, que aliás não existem. Você não deve desanimar se achar que não tem tudo o que faz parte do melhor perfil de um político. Talvez você não chegue ao topo da vida política, talvez chegue, mas em qualquer caso pode fazer uma carreira com sucesso.

7. Aprendendo com a vida no topo

É importante ter em mente, quando você começa sua caminhada na vida política, que um homem público deve estar preparado para experimentar influências e transformações no exercício do governo. Entre o dia em que assumi a Presidência e o dia em que passei a faixa ao meu sucessor, muita coisa aconteceu. Tudo isso teve um impacto na minha vida, na minha maneira de pensar, na minha visão do país, do mundo e da política.

Quais as principais diferenças entre quem eu era em janeiro de 1995 e dezembro de 2002? Bem, como pessoa a minha vida não mudou pelo fato de eu ter sido presidente da República. Meus amigos são as mesmas pessoas que eu conheço há trinta, quarenta anos. Alguns, aliás, são do PT... Nem minha família nem eu mudamos nossa vida pessoal por eu ter sido eleito presidente.

Você que é jovem só tem a ganhar se desde o começo conscientizar-se de que, caso venha a ocupar cargos de destaque, terá de conviver com o pós-poder. Por isso deve preservar o quanto puder da vida individual que levava antes de subir. Isso ajuda muito depois que o mandato acaba: você não sente que perdeu alguma coisa preciosa, que voltou para trás, que sua vida piorou. Pois nem sempre é pior estar fora do poder.

Dizer que eu não mudei *nada* como pessoa talvez seja exagero. É claro que todos nós mudamos com o tempo, com a idade. Mas como político, sim, a vida muda muito depois de passar pela Presidência. Você está lá em cima, no posto número 1 da República, e chega um momento em que sente que tem que ir embora. É quando as pessoas começam a entrar no seu gabinete e você pensa que já sabe o que vão dizer. Às vezes não sabe, mas começa a imaginar que sabe ou tem a sensação de que já sabe o que vai ouvir. Aí é melhor ir para casa, porque você já não está conseguindo mais ouvir, já perdeu a capacidade de captar o sentimento e os argumentos do outro.

Tudo acaba virando rotina, o poder também. Isso acontece em todas as profissões – inclusive na política. As relações que envolvem política e poder, na verdade, não são muito diferentes das relações humanas em geral. O mais importante é ser capaz de entender o outro, o que não é fácil. É deixar que o outro fale com sinceridade, o que é ainda mais difícil, principalmente quando se é presidente, quando a tendência das pessoas é a de dizer o que você quer ouvir. A relação com o presidente é sempre muito formal, por mais que se queira ser informal. A diferença de posição é muito grande. É difícil quebrar essa formalidade. Nem sempre se deve e, quando é necessário, nem sempre se consegue.

Os limites do poder

Disse que como político minha vida mudou bastante após a Presidência. Incluo nessa mudança um grande aprendizado. Aprendi na prática do mandato, por exemplo, que há coisas que funcionam e coisas que não funcionam. As pessoas não sabem o que o governo pode de fato fazer – essa é a grande realidade. E, por não saberem, muitas vezes pedem o que o governo não pode fazer. Por outro lado, o governante pensa que pode mais do que realmente pode, o que reforça, para as pessoas, a ideia de que o governo tem muito poder. Lembro que Lula, logo que foi eleito, me perguntou: "Quanto manda o presidente?" Eu disse a ele que era melhor não experimentar quanto, pois o presidente manda muito menos do que pensa. Nos países mais amadurecidos, nos quais se tem mais experiência com a vida e as instituições democráticas, a população espera menos do governo, pois sabe com mais precisão o que depende do governo e o que não depende.

Eis aí um conselho que eu não tenho qualquer dúvida em lhe dar: seja realista, e muito prudente, quanto ao poder dos governos hoje em dia. O governo não deve dizer, por exemplo, "vou criar tantos milhões de empregos", porque ele não pode simplesmente criar tantos milhões de empregos. Quem cria empregos não é o governo, é a economia. E a economia depende do governo apenas em parte – há uma grande parcela que depende do mundo, das empresas, das ações de milhões de indivíduos, de um número imenso de fatores. Mas a população pensa que tudo depende só do governo. É por isso que o candidato, quando está em campanha, procura atender o anseio da população e diz que vai melhorar tudo. Os dois estão errados, candidato e população, quando esta pensa que o governo pode tudo e aquele a deixa acreditar.

Nessa relação é preciso haver uma interação. Não cabe a um lado fazer tudo e ao outro apenas aplaudir ou vaiar. O problema é que, na prática, não é assim que as coisas funcionam. A percepção geral é de que cabe a quem está no poder, sobretudo no Executivo, a responsabilidade direta pela solução de todas e quaisquer carências. A imprensa, por exemplo, frequentemente joga a culpa no governo. Muitas vezes ele não pode fazer o que está sendo dito que ele deve fazer, e isso acontece em qualquer governo, de qualquer país.

Boas notícias não dão manchete

É claro que há uma série de coisas que o governo pode fazer e, apesar de poder, não faz. A isso se chama mau governo. Mas algumas vezes ele faz e não é reconhecido. Na visão geral dos jornalistas, as boas notícias não são realmente notícia. É o princípio do *good news, no news* – ou seja, se a notícia é boa, então não serve para ser publicada... Os jornalistas procuram os desvios. O jornalismo moderno, em geral, só vê o que está errado, porque o raciocínio é que através do desvio é possível ver as tendências do conjunto. Não estou reclamando da imprensa nem pedindo que ela mude. Isso é assim mesmo, é parte do jogo. Estou apenas dizendo que o fenômeno existe e que para proceder com eficácia na vida política deve-se estar atento a ele. As pessoas que não percebem que esta é a postura natural da mídia acabam se frustrando. Como muitas vezes os próprios políticos não sabem o quanto a comunicação é essencial e que é preciso ter uma política especial para lidar com ela, eles têm dificuldade com a mídia.

A natureza do poder é complicada. Não é só uma questão de a população do país não ter cultura cívica suficiente para saber o que se pode ou não esperar do governo. A França, por exemplo, país em que a maioria da população é culta, segundo os critérios habitualmente utilizados para se aferir cultura, votou contra a Constituição da União Europeia, no plebiscito de junho de 2005, em função de coisas que não têm nada a ver com a Constituição. Direita e esquerda se uniram e votaram contra porque estão contra o governo, mas por razões diferentes. Mais recentemente o fenômeno se repetiu na Inglaterra, quando pessoas situadas em espectros políticos opostos votaram pela saída da União Europeia, no chamado "Brexit." Na política nem sempre os eventos são simétricos, com relações claras de causa e efeito, e nem sempre as coisas obedecem a uma lógica habitual. Devemos, simplesmente, admitir que a vida política não obedece às regras de uma ciência exata – e estar preparados para isso. O bom político é o que aprende a navegar e sabe caminhar entre escolhas, sempre atento à meteorologia.

8. O bem, o mal e a História

Nem tudo é dificuldade e incerteza. Na minha experiência como político, que agora compartilho com você nestas cartas, há sem dúvida compensações importantes. É possível ter muito prazer no poder, pois você pode fazer muitas coisas positivas com ele. Em certos momentos você sente que fez – mesmo que os outros não sintam, você sabe que fez. E com o tempo as coisas bem-feitas tendem a aparecer. Mas o julgamento importante mesmo é o da história – e este só se pronuncia quando você já morreu.

O fato de eu não ser um político profissional faz certa diferença. Eu me sinto mais professor e intelectual do que político, no sentido que se atribui normalmente à palavra "político". As pessoas não acreditam quando digo isso, mas é verdade. O que me interessa, o meu cotidiano depois que eu deixei a Presidência, não é voltar a ser presidente. Não sou candidato a nada. As pessoas continuam não acreditando e me perguntam: "O senhor assina aqui, garantindo que nunca mais se candidatará a cargo algum?" Eu digo: "Não, não sou insensato."

Não há razão para eu fazer um juramento desses. Afinal, eu também não era candidato a presidente da República quando fui ministro da Fazenda no governo Itamar. Não queria ser candidato e acabei sendo. A vida é mais complicada do que a nossa vontade. O que posso dizer com toda a sinceridade é que não estou me programando para viver a política partidária eleitoral no futuro. Não é isso que pretendo. Quero escrever livros, viajar, fazer conferências... Enfim, quero fazer outras coisas, embora não abdique de meu dever de cidadania, com maior razão ainda por ter sido presidente, de opinar sobre a vida pública e política do país.

Um político profissional nunca deixa de estar na briga partidária e sempre que pode é candidato. Para ele, perder eleição é ruim, mas não concorrer é pior. Mesmo que perca, o nome dele está ali. O bom é ganhar, claro, mas mesmo que não ganhe você está na briga, está participando, está vivo no mundo da política. Fora os presidentes militares, que não eram políticos profissionais, os meus predecessores, sem exceção, saíram da Presidência e tentaram voltar a ocupar cargos eletivos. Isso é da natureza da política.

Construindo sobre o legado de outros

Acho que muito me ajudou na Presidência a circunstância de conhecer um pouco de história. Às vezes me perguntam que leituras eu recomendaria para alguém interessado em seguir a carreira política. Não acho indispensável ter muitas leituras, muitos livros na estante, muitas horas de biblioteca. Há vários políticos que não têm, e eu não vejo realmente muita utilidade em fazer uma lista de leituras obrigatórias e específicas para a carreira. Mas é necessário ter certa compreensão da história. Quando falo em história incluo também sociologia – no sentido de uma análise da evolução do país e do mundo. Hoje tudo é "do mundo", tudo é global. É preciso que o político tenha uma visão razoável do conjunto e seja capaz de entender as condições sociais de seu tempo. Em política tudo é um processo. As pessoas esperam sempre um ato, um grande gesto, o decreto, a lei para solucionar os problemas. Isso é importante mas não basta – as mudanças importantes dependem de uma sucessão de atos e resultados. E as coisas dificilmente começam do zero.

Li há pouco tempo um livro sobre a formação do que eles chamam na Espanha de "intelectualidade" – as pessoas que opinam sobre o país, escritores, literatos, gente de todo tipo. A tese do livro é que no fundo há duas Espanhas e um diálogo permanente entre elas. Há a "Espanha Católica", de princípios, organizada, obscurantista, e a "Espanha Liberal", formada por muçulmanos, godos, revolução republicana, geração de 1898, intelectuais liberais. O livro mostra que desde o tempo dos godos, na Idade Média, o princípio organizador da nacionalidade espanhola era dual. Mas mostra como isso foi evoluindo no tempo e como a dualidade antiga, embora não ostensiva, permanece até hoje.

Certas filosofias asiáticas dizem que há o bem e o mal, e um não ganha do outro, os dois convivem. Política é um processo contínuo de convivência, diriam, em que você não cria apenas, recria também. Acho relevante observar isso, porque se você não tem uma noção de quais são as identidades fundamentais no país em que está operando não é capaz de levar adiante o que deseja de maneira plena. Saber disso é útil também para você não pensar que está descobrindo a pólvora – e nem pensar que pode trabalhar sem saber nada sobre o que os outros já fizeram. Algumas coisas vindas do passado são boas, outras são ruins. Você também faz coisas boas e coisas ruins; o bom e o ruim dependem de visões fundamentais que variam com o tempo e com o julgamento de cada um, não são uniformes nem imutáveis. Ter certa formação histórica, portanto, é importante porque ajuda a exercer uma liderança efetiva, que não se proponha a fazer *tabula rasa* do que os outros fizeram, e para conseguir direcionar melhor o que veio do passado, além de assentar as bases do que se quer para o futuro.

Getúlio e Juscelino: reconhecidos depois da vida

Getúlio Vargas hoje é endeusado, mas na sua época, não; era até odiado por muita gente. Hoje parece que Getúlio foi sempre fantástico. Ele foi bom e mau, como todos nós. Se foi bom ou se foi mau, depende da perspectiva com que se analisa o momento de sua ação. Política não é a arte de separar os bons dos maus, mas a de tentar convencer os maus a ficarem bons. E depende também do que você chama de "bom".

Pois bem, Getúlio tinha certa noção do Brasil. Tinha uma formação, que herdou do pai dele, do Rio Grande do Sul, baseada em ideias do positivismo. Possuía uma visão estatizante, centralizadora, que vinha de Júlio de Castilhos. E tinha certa consciência dessa visão. Isso é importante. Não fez tudo o que fez, de repente, sem prestar atenção à nossa evolução. Pelo contrário, inovou, mas no curso de um processo evolutivo possível.

Juscelino Kubitschek, hoje tão popular, não era tampouco uma pessoa desprovida de perspectiva histórica. Ele sabia situar-se no tempo. Foi muito criticado porque gastou muito com a construção de Brasília, o que provocou inflação;

abriu a economia nacional aos investimentos estrangeiros e também foi muito criticado pelos adversários dessa política. Mas, de certa forma, antecipou-se ao futuro, demonstrando visão histórica.

Em suma: das várias disciplinas úteis para um político, e nas quais as leituras certamente vão ajudá-lo, acredito que o mais importante é ter uma noção de história. Saber situar-se em seu tempo, ter consciência de que este se forma em uma sucessão contínua de êxitos e fracassos e que o que hoje é bom pode ter sido julgado mau ontem e vice-versa.

No mundo atual, também é preciso saber alguma coisa de economia, claro, porque a economia predomina nos acontecimentos e nas sensações da sociedade. Para entender a economia é preciso dominar alguns conceitos, sem os quais não se pode compreender a rapidez dos processos. Se você não sabe nada dos processos sociais básicos, inclusive os econômicos, não dá para antecipar o que vai acontecer, fica difícil entender e mais difícil ainda decidir com eficácia.

É bom para qualquer político moderno, igualmente, estar familiarizado com preceitos de administração. A grande diferença da administração em relação à política é que aquela tem regras básicas, que precisam ser cumpridas. Requer disciplina e cooperação. Em política, não. Mais ainda, na administração existe uma hierarquia estabelecida. O político, quando chefia uma burocracia administrativa, não deve saltar as linhas de comando, nem mudar regras a cada novo impulso de vontade que tenha.

No exercício do poder em sua expressão máxima, o político, pelo contrário, deve inovar e precisa estar preparado para o confronto. Pode mesmo, em circunstâncias específicas, saltar os obstáculos burocráticos, buscando apoio na cidadania, e pode criar novas regras, por intermédio do Legislativo ou por decretos legalmente embasados.

Mas para alguém saber o que vem pela frente, tem que conhecer o que veio antes, ter certa ideia do processo, senão a pessoa acaba não construindo nada duradouro e novo. Sua ação pode dar certo ou não na política, mas não conseguirá construir um caminho para a nação se seus atos não forem embasados na história, nos sentimentos e nos valores da sociedade. Sem isso, pode eventualmente obter um resultado para seus propósitos imediatos, mas não fará "a diferença". Não será fator da mudança. Pode até ser a expressão da mudança, mas não será aquele que conduz à mudança.

9. A política e os partidos

Você me pergunta por onde, mais exatamente, começar uma carreira política. Em que cargo? Isso é acidental. É importante, claro, ter algum tipo de currículo na caminhada pelo mundo da política, mas não acredito que seja essencial começar precisamente aqui ou ali.

Vejamos alguns dos nossos presidentes. Jânio Quadros começou como vereador. José Sarney foi deputado estadual. Itamar Franco foi prefeito de Juiz de Fora. Todos chegaram à Presidência e todos partiram de pontos diferentes. No meu caso, o início foi como senador, mas tratou-se de algo um pouco acidental – na verdade, eu estava em outra carreira, na universidade. Circunstâncias do autoritarismo me levaram à política e ao Senado, onde aprendi muito.

Mais relevante que o cargo inicial são as opções sobre qual partido político você quer integrar. O critério para escolher o partido em que se vai começar depende dos seus valores. Eu fui para o PMDB porque era contra o regime militar, e o PMDB era a alternativa real que existia na década de 1970. Depois fundamos o PSDB, porque achamos que o PMDB tinha ficado desfigurado, precisávamos de um partido mais homogêneo. Não que o PSDB seja puro e coerente. Não existe isso na vida prática. Não existem partidos puros, em nenhum sentido. Claro que devem ter ideologia, mas essas ideologias não são tão rígidas como antigamente. Hoje há mais espaços alternativos e mais variáveis.

A ideia que nós temos de partido é a ideia do partido europeu clássico, que se criou no século XIX, muito ligado às questões de classe social e de ideologia. Nos séculos passados, existiam na política grupos, famílias e facções muito mais definidas. Quando ocorreu a primeira grande onda de democratização, no período de formação do capitalismo industrial, com a emergência dos trabalhadores como atores políticos, começaram a surgir os partidos de massa. Os primeiros foram os socialistas, na França. Mais tarde veio o Partido Trabalhista, na Inglaterra, depois na Alemanha, na Áustria.

Esquerda *versus* direita

Naquela época era muito claro: havia um partido de massa, de esquerda, socialista, que reunia militantes que, em geral, não eram proprietários. Sua conduta se orientava por certos valores claros – alguns eram comunistas, socialistas, outros social-democratas, mas todos se atribuíam a missão de obter o avanço das classes que viviam de seu próprio trabalho. No lado oposto ficava a direita – as velhas facções das elites dominantes, que tinham uma visão mais conservadora da sociedade e da ação política. E no meio dos dois se equilibravam vários partidos.

A sociedade daquela época tinha divisões muito marcadas. Cada classe era de um jeito, até nas roupas que usava. O modo de falar, por exemplo, era distinto para as diferentes posições que o sujeito ocupava na escala social. Na Inglaterra, aliás, até hoje é mais ou menos assim. Se você passou por Cambridge ou por Oxford você fala de um jeito, se não passou fala de outro. Na França, se você passou pela ENA, a grande escola de administração pública, tem um jeito específico de ser, cria uma fraternidade, um grupo de amigos, um estilo de vida.

Apesar desta ou daquela situação específica, o fato é que tais diferenças são muito menos presentes na sociedade atual. Os de baixo ascendem, os de cima caem e, mais importante que isso, houve uma fragmentação muito grande das camadas sociais.

Até a classe trabalhadora é hoje muito dividida, inclusive no Brasil. A classe operária dos anos 1970 de São Bernardo, por exemplo, já não existe mais. O tipo de gente que havia naquela época era geralmente bem definido: quase todos nordestinos, que haviam chegado em caminhões pau de arara, tinham poucos direitos, quase não possuíam acesso ao mercado de consumo. Hoje esses antigos nordestinos já não são sequer operários – estão aposentados, têm uma lojinha, uma chacrinha, compraram uma casa no lugar de origem, já estão um pouco melhor. E os que estão na fábrica são outros – têm outra cabeça, estão estudando, possuem celular, alguns já têm seu automóvel. É outro mundo.

Se a classe trabalhadora mudou muito no Brasil, a classe média, então, nem se fala. A classe média no passado era a classe média tradicional, ou seja, os membros caídos das classes dominantes. Os filhos eram colocados no Exército, na Igreja ou na universidade para poder se manter, mais ou menos, num padrão razoável de vida. Agora há uma nova classe média que vem de baixo, não tem ligação com o Estado e é composta por uma imensa quantidade de gente. São milhões e milhões de pessoas – nada a ver com os números limitados de antigamente. O velho princípio de "solidariedade de classe" é outro também, porque a competição entre as pessoas aumentou muito.

A vida política – assim como os sindicatos – tradicionalmente foi fechada à participação mais ativa das mulheres.

Felizmente esta situação está mudando. Tivemos recentemente uma mulher na Presidência, na Europa já é comum haver presidentes ou primeiros ministros do sexo feminino, e nos Parlamentos aumenta o número de mulheres. Não obstante, ainda falta muito para se lograr uma verdadeira igualdade de gênero na vida social e política. Muita luta ainda será necessária para terminar com as diferenças de salário entre homens e mulheres em trabalhos iguais para considerar positivamente a dupla jornada de trabalho feminino etc. E o que é pior, existe violência contra as mulheres em geral – e em particular no âmbito doméstico. A despeito de tudo isso, o nível médio de escolaridade feminina ultrapassa o dos homens. Falta o reconhecimento desses méritos e a aceitação da igualdade de gênero. Os partidos podem e devem colaborar para que as mulheres tenham seus direitos assegurados.

O resultado dessas mudanças todas é que se tornou difícil, hoje, encontrar um partido que corresponda realmente a uma classe social. O PT, por exemplo, que é o partido que mais gostaria de corresponder à classe operária, representa quem? Basta olhar para essas últimas reuniões do PT – que trabalhadores estavam lá? Nenhum. Nas reuniões do PT de hoje há ex-trabalhadores, ex-líderes sindicais, políticos e muita classe média.

Chamo sua atenção sobre estas transformações, porque é muito importante que você que está começando na política não cometa os erros de avaliação que nossos homens públicos têm cometido quando analisam o quadro partidário do país. Como conseguirão desempenhar com competência o seu papel se acreditarem na existência de coisas que não existem mais? Quem está começando deve partir do princípio que ocorreram todas essas mudanças que acabo de citar. Do contrário, vai continuar, como tantos políticos, a julgar os partidos pelos olhos com que eram vistos no passado.

Nos Estados Unidos, os partidos não estão estruturados à maneira europeia, na qual nos inspiramos. Na verdade, nunca foram assim. A divisão partidária, ali, jamais foi de classe. Há republicanos e democratas, mas os democratas do Sul eram escravistas, os do Norte não, por exemplo. Eram razões políticas que os dividiam. Havia os federalistas que defendiam maior autonomia para os estados, e os centralistas, que preferiam uma União mais forte.

A escolha do partido

No Brasil, nós insistimos em olhar os nossos partidos com olhos europeus. Mas nós não somos europeus, a sociedade brasileira é outra coisa. Não há tanta hierarquia, existe muita mobilidade, temos muito menos pontos estáveis de referência, as ideologias são mais débeis para definir o comportamento das pessoas. Numa situação de ditadura, na hora de escolher um partido a opção é mais fácil: uns são democratas e outros são pela manutenção da ditadura. Num regime de liberdade, você começa a ter muitas alternativas. Só que, ao mesmo tempo que aumentam as suas opções, a diferença entre as ideologias proclamadas pelos partidos vai diminuindo. Os programas são muito parecidos e as práticas, infelizmente, também.

É muito difícil, assim, definir um critério para escolher o partido. Não é que as pessoas não saibam escolher; os partidos é que são muito confusos hoje em dia.

Não somos só nós que temos tantos partidos. Nos Estados Unidos há até mais partidos do que aqui, embora não sejam expressivos. Na França também existem muitos partidos. Mas há uma porção de critérios, tanto nos Estados Unidos como na França, que impedem os partidos sem efetiva representatividade de terem acesso ao primeiro plano da política. No Brasil, eles aparecem muito porque há mais facilidade para um partido pequeno chegar até o Congresso. Nossos critérios de acesso são frouxos. Basta eleger um deputado que o partido já funciona no Congresso – o partido não, a legenda. E frequentemente são líderes expressivos que se tornam "proprietários" de uma legenda e a fazem crescer, sem transformá-la em um partido genuíno.

Nossos partidos são muito variáveis e não são tão rígidos como no passado. Na verdade, apenas alguns merecem ser chamados partidos. Outros, na realidade, são mais legendas do que organizações partidárias. Alugam-se mesmo a outros partidos nas campanhas eleitorais, que as compram para dispor de mais tempo de televisão.

É óbvio que você, ao escolher um partido, deve ter um critério que não pode ser o de aderir a uma legenda vazia de conteúdo político. Senão o que justifica encarar as dificuldades da vida política?

Quando se discute o conteúdo, a mensagem dos partidos, as palavras "esquerda" e "direita" continuam sendo amplamente usadas, no Brasil e por toda parte. Você mesmo provavelmente é ou será questionado nesses termos sobre sua posição e a de seu partido. Muitos políticos escapam pela tangente dizendo-se de "centro". Eu nunca hesitei em responder que me considero de esquerda. Não da velha esquerda socialista ou comunista, mas da esquerda moderna, democrática, que para mim se distingue por dois traços fundamentais.

Primeiro, guarda do passado a bandeira da *igualdade*, da luta para tornar as pessoas, classes e povos *menos* desiguais, mas sem abrir mão de outro valor fundamental que é a liberdade. Segundo, a esquerda moderna aposta, não só nem principalmente no Estado, mas na *ação pública* das pessoas, das comunidades, das ONGs, em suma, da sociedade civil, para corrigir as desigualdades que o predomínio absoluto do mercado acaba produzindo e reproduzindo.

Mais do que os rótulos, no entanto – e eu insisto muito nisto –, o que importa é o projeto, o programa, as medidas práticas que um partido e suas lideranças defendem num dado momento para mudar concretamente o Estado e a sociedade na direção dos seus valores fundamentais.

10. De São Paulo a Mato Grosso – de navio!

Uma coisa, quando se olha para a política, é ver problemas. Outra, bem diferente, é ver só problemas. É a visão catastrofista, a visão derrotista, algo que se tornou uma atitude muito comum no Brasil de hoje. Nosso país tem os mais variados tipos de dificuldades, deficiências e problemas a resolver, mas a realidade não se limita a isso. Um jovem político ou uma jovem política não deve ver as coisas desta maneira. Evite o olhar catastrofista. Não porque seja preciso ter um temperamento otimista para fazer política, mas porque isso está errado. Acreditar que o Brasil é um desastre completo, que só piora a cada dia, é ir contra os fatos – e uma carreira positiva na vida pública vai sempre requerer que você trabalhe com fatos corretos.

Eu não acho, de forma alguma, que as coisas estejam indo de mal a pior no Brasil. Quando você vê a história, e quando você vê o que aconteceu no Brasil, vai constatar que esta é uma sociedade que teve avanços fantásticos. Poucas nações cresceram tão depressa quanto o Brasil. Em todo o século XX só o Japão, talvez, possa se comparar com a nossa experiência de crescimento.

O Brasil há cinquenta anos

Gostaria de compartilhar um pouco com você, nesta carta, minha visão sobre a transformação colossal que este país experimentou durante a minha vida. Nasci no Rio de Janeiro – o que é muito bom – no ano de 1931 – o que, infelizmente, é muito tempo de vida... Muito bem: quando nasci, cerca de 60% da população brasileira era analfabeta. Preste atenção neste número e avalie o absurdo grau de escuridão em que se vivia. Eram nada menos que mais da metade de todos os brasileiros! Hoje ainda temos analfabetismo. Mas concentrado na população mais velha e não atingindo 10% da população.

No país inteiro havia só uma estrada pavimentada, entre Rio de Janeiro e Juiz de Fora. Dizia-se que o Brasil era um país rural, e era verdade. Pior ainda, era um arquipélago, porque os estados não se comunicavam. Você não podia ir de um lugar a outro, livremente, porque não havia estradas. Era simplesmente impossível ir para uma porção de lugares.

Meu avô, que era militar, foi transferido a certa altura da vida, no fim do século XIX, para Mato Grosso. Como é que se ia naquela época do Rio de Janeiro para Mato Grosso? De navio! Para chegar ao Centro-Oeste do Brasil era preciso passar pelo extremo Sul, e até sair do território nacional. O navio ia parando pela costa afora: em Santa Catarina, Rio Grande, Montevidéu e Buenos Aires. Daí subia o rio Paraná, parava em Assunção e entrava enfim no Mato Grosso. Não sei quanto tempo levava. Eram meses. Para ir ao Norte era a mesma coisa. Isso era o Brasil no tempo do meu avô.

No meu tempo já não era tanto, mas ainda era bem parecido. Em 1940, quando fui do Rio de Janeiro para São Paulo, para onde meu pai, que também era militar, foi transferido, só havia uma estrada decente no estado: a Via Anchieta, entre a capital e Santos. Mais nada. O resto era tudo terra. Digo sempre para os meus filhos que eu sou muito bom para dirigir na lama – e na neve, que é a mesma coisa... Era esse o Brasil velho. Não tinha nada, essa é a verdade.

Hoje o país mudou completamente. Por mais graves que sejam os problemas, a comparação com o passado mostra progressos numa escala realmente extraordinária.

E todo esse avanço foi feito sob a pressão de um aumento de população que poucos países do mundo tiveram. Quando você pensa que a taxa de crescimento aqui foi de mais de 3% anuais... São Paulo crescia 4%, às vezes até 5% ao ano. Sabe lá o que é uma cidade que tem 500 mil habitantes crescer a 5%, e depois, quando tem 1 milhão, crescer a 4%? E por aí vai. Quando a cidade tem 10 milhões de habitantes e cresce a esses mesmos 4%, são 400 mil pessoas a mais por ano! Como oferecer escola, hospital, transporte, casa, eletricidade para toda essa gente? Como é que faz? O certo é que as administrações públicas entraram em crise, não tinham condições de atender à demanda.

"Noventa milhões em ação..."

Que outro país ganhou 90 milhões de habitantes em 35 anos e fez o que foi feito aqui? O fato é que se fez. Lembra-se da população do Brasil de 1970, ano da Copa do Mundo e do tri no México? Havia uma musiquinha que dizia "Noventa milhões em ação, pra frente Brasil do meu coração..." Era a população do Brasil na época. Pois bem: em 2016 o país ultrapassou a marca de 206 milhões de pessoas. O número mais que dobrou. E a renda *per capita*, que dizem ser baixa – e é baixa mesmo – também dobrou. Se a população não tivesse crescido tanto, imagine o quanto teria aumentado a renda *per capita*.

Daqui para frente isso não será assim. A taxa de crescimento da população já caiu e vai cair mais. A tendência agora é que a população se mantenha, não cresça. Mas antes era uma loucura.

Então, como é que se fazia para manter esse Brasil funcionando, para manter instituições num país como o nosso, com a explosão populacional e com a falta de recursos?

Além disso, não podemos nos esquecer de outros fatores fortíssimos de atraso. O Brasil teve escravidão até o fim do século XIX! Então as coisas não pioraram. Para alguns pioraram, para alguns melhoraram, mas na média não. Na média melhorou.

Falando em média, é comum ouvir que a classe média brasileira está cada vez mais apertada. Isso não é verdade. É óbvio que existe um grande peso em cima da classe média, até porque suas necessidades, compromissos e anseios aumentaram muito. Mas em comparação com o que acontecia no Brasil de não muito tempo atrás as coisas melhoraram muito. Eu sou de classe média, meu pai era militar, chegou a general. Como você pensa que era a vida de uma família como a minha nos anos 1950? Acha que tinha carro? Casa na praia? Que alguém viajava nas férias? Ninguém saía, não havia dinheiro para nada, a vida era muito apertada. Havia uma conta no armazém, com aquela caderneta para anotar o fiado. Essa era a vida da classe média.

Hoje as pessoas querem ter dinheiro para viajar, e para viajar para fora do Brasil. Querem ir de avião, e a passagem muitas vezes está fora das possibilidades. É bom que queiram viajar para o exterior, e se não dá para ir hoje pode dar para ir amanhã. Mas antigamente essas coisas não passavam pela cabeça da classe média, nem de longe. Confortos hoje acessíveis para milhões de pessoas – com dificuldade, é certo, mas acessíveis – eram reservados exclusivamente para os brasileiros ricos, ou muito ricos, nos anos 1940 ou 1950. Até mesmo automóvel e geladeira, para não falar de televisão, que nem existia nos anos 1940. Se você não fazia parte daquele punhadinho de gente rica, você simplesmente estava fora, e ponto final.

11. A gangorra da popularidade

Uma questão que vai acompanhar você durante toda a sua vida política, desde os primeiros passos, é a popularidade. Vou tratar do assunto nesta carta.

Começo dizendo que na política democrática você tem que ter apoio. Trata-se de apoio de vários tipos, de várias ordens: apoio autorizado, apoio formal, apoio da imprensa. É preciso ter apoio de organizações não diretamente políticas, como igrejas, sindicatos, associações de classe, universidades, movimentos sociais e assim por diante. É preciso ter, enfim, apoio difuso – aquele que não vem de nenhum setor em especial, mas emana da sociedade como um todo.

O que se chama de popularidade é a soma de tudo isso, com mais ênfase no apoio difuso. A população, em si, pode dar apoio difuso. Sem esse apoio não se ganha a eleição. E depois de ganhar: será que você governa sem isso, ou governa só com isso? Voltarei ao tema numa próxima carta, pois ele é muito amplo, mas gostaria de abordar agora determinados pontos que me parecem vitais.

Para ganhar a eleição é preciso ter voto – e voto é resultado de popularidade. Então, quando está em campanha, o político em geral tem que seduzir, tem que agradar. Há mil maneiras de agradar. Alguns agradam até pela dureza – e agradam até mesmo a imprensa pela dureza. Jânio Quadros, por exemplo, maltratava a imprensa e sempre foi muito popular junto a ela. Seduzir o eleitorado não é apenas dizer sim. Você tem que cair nas graças do povo de uma maneira ou de outra, seja pelo modo de falar as coisas, seja pelo conteúdo, seja pelas duas coisas. É uma arte pessoal. Você tem que cativar, e nesse trabalho pode utilizar elementos variáveis. Quem é seguro pode cativar sem precisar prometer o que é inviável.

Você que está começando na política não pode pensar que para ser popular terá que ser mentiroso – uma das atitudes mais comuns em nossas práticas eleitorais. Tem é que ser autêntico, ser sincero, mesmo que nem sempre dê certo. Muita gente monta uma estratégia de mentira, de comércio – até de compra de votos – e dá certo. Os marqueteiros geralmente estão aí para acentuar o que a pessoa tem de bom e disfarçar o que tem de mau. Mas o fato de você se arriscar a perder com a atitude honesta não quer dizer que seja recomendável tentar ganhar com a atitude malandra. Nem um pouco: política desse jeito pode até servir a um interesse pessoal, mas não vale a pena.

Perder tudo menos o respeito

Até aqui estamos falando do apoio para ter voto, não para governar. Para governar também é importante ter apoio popular, mas aí já não é fundamental. Fundamental para governar não é a popularidade, mas sim o respeito – se você perde o respeito não governa. E o respeito se ganha ao agir com seriedade no governo.

Eu perdi a popularidade várias vezes durante minha passagem pela Presidência, mas não abri mão de tomar decisões que deviam ser tomadas. A crise cambial de 1999, por exemplo, derrubou a minha popularidade – não derrubou na hora porque o povo dificilmente sabe na hora, leva um tempo, mas depois vêm as consequências. Tudo bem: dá para reconstruir a popularidade se você não tiver perdido o respeito. Quando se perde o respeito não existe solução, não se conserta mais. Vira palhaçada.

Resumindo, para governar é fundamental ter rumo, direção, competência – e ser respeitado.

Os políticos que têm popularidade mas não são respeitados em geral não pertencem ao Executivo. Nos cargos do Executivo não há meio de um político dar certo sem desfrutar de respeito, mesmo que tenha popularidade. Por isso é tão difícil ir para o Executivo. É mais fácil ter voto como deputado, como senador. Quando você vai para o Executivo é preciso ter outro tipo de competência, distinta da que se requer no Legislativo. Os mais espertos, que sabem que não têm essa condição, não saem do Congresso, não se arriscam a ir para o Executivo. No Congresso, a cobrança é mais suave, mais difusa, mais aleatória. Já no Executivo a cobrança é diária. Os mesmos elementos que levaram a pessoa para lá são os que a destroem: a imprensa, as organizações da sociedade, os sindicatos, as igrejas...

Acho fundamental que você que é jovem entenda isto: popularidade, no sentido de apoio, é essencial, pois sem ela não se passa no teste da eleição – e sem passar nesse teste você não consegue atingir os postos mais importantes da vida política. Mas é um equívoco confundir a obtenção de apoio com "vale-tudo". A carreira política não é a carreira do mentiroso. Há muito mentiroso na política, mas o grande político não é mentiroso, porque ele tem que conquistar respeito.

Um bom exemplo disso, novamente, é Churchill. Ele ganhou a guerra e perdeu a eleição. Perdeu a eleição porque perdeu popularidade, mas não perdeu o respeito. Depois ele até voltou ao governo. Teria sido um grande líder de qualquer maneira, mesmo se não tivesse voltado a ser primeiro-ministro.

Esses conceitos – popularidade, competência e respeito – podem parecer simples e intercambiáveis, mas realmente não são. Se você não tem competência, deixa de ser respeitado e aí não adianta ser popular. E não nos esqueçamos de que não basta competência para uma pessoa ser respeitada. É possível não ser respeitado mesmo tendo competência, quando alguém é pego em desonestidade, por exemplo, ou se der um passo errado.

Ao iniciar sua carreira política, você deve estar consciente, também, de que a política é muito cruel. Às vezes um pequeno erro ou acerto leva sua popularidade lá para cima ou lá para baixo. São muitos altos e baixos. No caso do câmbio em 1999 – que não foi exatamente um erro, mas sim uma mudança de política que não funcionou como esperado – minha popularidade despencou.

A propósito disso, lembro-me de uma boa história. No auge do Plano Cruzado, fui a Aparecida do Norte com o presidente Sarney. Fomos de helicóptero e lá pegamos o ônibus para ir até a Basílica. O presidente Sarney estava no topo da popularidade. As ruas estavam cheias, todo mundo aplaudia. Aí a esposa do presidente, d. Marli, disse: "Ih, Zé... Cuidado, hein, porque daqui a pouco você pode não ter nada disso." De fato, no Cruzado Dois foi tudo para o espaço. É assim mesmo. Política é uma atividade de alto risco. Mas o presidente não perdeu as condições para governar.

Na verdade, desabar nas pesquisas num dado momento não é grave, se você for capaz de recuperar a popularidade. Mas você só recupera se fizer alguma coisa. Tem que ganhar apoio popular de novo e é assim que as coisas se passam permanentemente. Você está entre a planície e o planalto o tempo todo – e, por isso, você acaba não governando se ficar fixado na popularidade. Se for governar olhando pesquisa de opinião pública, vendo a cada hora quem é a favor e quem é contra, você não governa. É preciso fazer o que deve ser feito, e às vezes o que deve ser feito não é popular. Faça o que está correto e trabalhe para recuperar a popularidade mais adiante. Para isso é preciso ter convicção do que se está fazendo – e, além do mais, é necessário estar certo. Pode-se fazer um paralelo com a educação dos filhos. Para educar direito temos que tomar uma série de medidas desagradáveis, contrariar, dizer não... Mas é preciso tomá-las, senão os filhos não se educam.

A hora de dizer não

Outra questão é o que se pode fazer e o que não se pode, em termos éticos, na busca da popularidade e do apoio indispensáveis numa eleição. Não creio que haja receita para isso. O que existe é limite. Há coisas que eu não faço mesmo que me rendam votos, porque sei que no futuro vai ser daninho para mim e para o país. O político tem que ter a capacidade de dizer não, apesar de ser muito difícil. Eu no governo disse vários nãos.

Um exemplo simples: um grande amigo veio me dizer que queria ser ministro, sem ter as condições necessárias – mais de um, aliás... Eu sempre disse não. A pessoa deve dizer não para o que é errado, da mesma forma que tem que demitir quem precisa ser demitido.

Outra coisa que aconteceu algumas vezes quando eu estava na Presidência: ia haver votação no Congresso e eu recebia o recado de que determinadas pessoas só votariam a favor desta ou daquela lei se eu fizesse tal coisa. Se a coisa fosse imoral, dizia: "Não, eu não faço." E às vezes eu ganhava mesmo dizendo não. É preciso pagar para ver. É preciso coragem.

O tema da popularidade, tão interessante, também é enganoso. As pessoas pensam que existe uma só direção, uma só trajetória, para o prestígio popular – e não é assim. A linha da popularidade nem sempre é ascendente. Há alguns momentos que sim, outros que não. É contraditório. O importante é ter o sentimento de que na vida pública tudo é um processo. Há momentos para aproveitar, há outros em que você não tem chance.

Gosto da expressão "janela de oportunidade". Às vezes se abre uma oportunidade para fazer alguma coisa. Nem sempre adianta falar, você não convence as pessoas só pela razão. Há momentos em que as pessoas não ouvem, há momentos em que as pessoas ouvem, e você não é o dono desses momentos. Você tem que saber que existem esses momentos e deve aproveitar quando eles aparecem. Na política não adianta dizer "eis aqui a verdade". Há ocasiões em que as pessoas estão dispostas a ouvir e a reconhecer algo que é correto. Há outras ocasiões em que a intransigência é muito grande; mesmo que se diga a verdade as pessoas não acreditam. Como descobrir quais são esses momentos? Pela sensibilidade, pela experiência, pela intuição, pois não há receita para isso.

Também é importante que quem se dispõe a ser político entenda que boa parte da vida é racional, mas não ela toda. Há momentos em que você tem que ser intuitivo para poder perceber o que está acontecendo ao seu redor. No fundo, o mais importante na vida política, e na vida em geral, é saber ouvir o outro e saber qual contribuição cada um pode dar. Todos temos defeitos e qualidades. Nossas qualidades podem ser boas para certos momentos, mas não para outros.

A política é isso, não é ciência. O processo de decisão não precisa da exatidão científica para ser eficaz. Não é uma consequência do raciocínio lógico, senão seria tão fácil como resolver uma equação simples. Trata-se de um processo que envolve emoções, é psicológico. Você precisa saber identificar em uma pessoa o que ela tem de melhor, e colocá-la no lugar certo, no momento certo. Você tem que interagir permanentemente com o outro – é uma relação. Às vezes trata-se da relação do líder com a massa e outras vezes é do líder com outro líder. Você tem que ser capaz, ao mesmo tempo, de falar com a massa e de pessoalizar, entender cada pessoa como ela é. Ter emoções e expor-se às emoções dos outros É muito complicado e você tem que fazer isso e nada dará certo se você quiser ser guiado só pela razão. Os sentimentos, a emoção e a sua intuição contam tanto quanto o juízo racional.

Lá na sua alma você pensa o que quiser, mas não precisa sair falando. Por isso a política requer a capacidade de ser solitário. O bom político tem que possuir o que Isaiah Berlin chama de capacidade do juízo. Não é lógica, mas julgamento. Ser capaz de ajuizar, de escolher, mesmo quando se está diante de situações que impliquem valores contraditórios. São escolhas difíceis, mas na política você está a toda hora diante do desafio de bem julgar. Não apenas de bem entender, mas de bem julgar. Não é possível guiar-se pelo impulso; é indispensável parar e refletir.

Quando sua popularidade estiver em baixa, não se sinta incomodado nem pense que você deve se orientar pelos índices de cada momento. Se a pessoa se mantém totalmente ligada na popularidade, acaba por ficar inativa. Perde o moral e desanima quando a popularidade cai. Então, de novo, você tem que ter convicção para achar que, apesar de tudo, você está certo, está fazendo o que tem que ser feito. Claro que é preciso ter muita segurança. O político inseguro não funciona. Se for seguro demais também não funciona, porque fica arrogante.

Isso não é uma coisa que o jovem, homem ou mulher, tenha obrigação de saber desde o início. Você vai desenvolver, construir suas habilidades. Não há lição na política que prescreva "faça isso ou faça aquilo". É preciso ter experiência de vida e ir desenvolvendo, selecionando.

Atitudes que marcam uma carreira política

Juscelino Kubitschek teve sensibilidade e foi capaz de sentir o momento. Getúlio Vargas, no seu estilo mais autoritário, sabia distinguir e usar as pessoas. E foi capaz de fazer um jogo com a Alemanha e os Estados Unidos na Segunda Guerra Mundial, de modo a obter o máximo de vantagem para o Brasil naquele momento. Não é qualquer um que tem sangue-frio para fazer isso, e ele fez. Creio que todos que deixaram uma marca na história brasileira conseguiram fazer isso, de maneiras diversas. Getúlio era pouco expansivo, Juscelino era muito expansivo. Um de poucas palavras, o outro falante. Não obstante essas diferenças de estilo pessoal, em diversos momentos eles tomaram a atitude correta.

Atitude, no final das contas, vai acabar valendo mais que popularidade. Os políticos que permanecem são aqueles que sabem deixar de lado os cálculos de popularidade nos momentos em que o essencial é assumir a postura certa.

Quando Getúlio se suicidou, Tancredo Neves teve uma atitude muito decidida. Foi ao enterro e fez um discurso veemente. Tancredo tinha fama de ser um homem conciliador, e era mesmo. Mas o político pode ser conciliador em certos momentos e deve ser intransigente em outros. O que não pode é ser pusilânime, que é diferente de ser conciliador.

Ulysses Guimarães – o grande líder das lutas contra o autoritarismo – disse uma frase famosa que ofendeu os militares, comparando a junta militar de 1969 com o ditador do Uganda Idi Amin Dada. Podiam ter cassado o mandato dele, mas Ulysses ousou, disse o que pensava. Em mais de um momento ele fez isso. E Ulysses era um homem de formação bem conservadora. Mas era corajoso, tomava decisões que marcam, e ele evoluiu com o tempo. Em política é importante ter essa capacidade. Numa certa altura todas as luzes se apagam e você é obrigado a se jogar em uma piscina. Pode ser que não haja água, mas se tiver e você souber nadar você sobreviverá. Em certos momentos é assim que o político deve agir. São instantes que fazem a inflexão, não só da biografia, mas às vezes de um povo. Sem coragem, sem o senso do momento que requer a ousadia, não há grande político.

O corpo a corpo com a imprensa

Falar de popularidade é também falar da imprensa e da mídia em geral. Elas não determinam mas com certeza influenciam os altos e baixos da popularidade do político. Sugeri numa carta anterior que você procure aprender o mais que puder sobre como funcionam os meios de comunicação. Deixe-me contar um pouco sobre minha experiência nesse terreno.

De um modo geral, sempre me relacionei bem com a imprensa. Como sociólogo, fui treinado para fazer perguntas, para pesquisar, para entender os outros e para ter capacidade de produzir informação. Isso tudo me ajudou. Enquanto era senador, recebi muitos jornalistas. Eles geralmente queriam saber sobre "os bastidores". Eu, pessoalmente, não gosto de bastidores, isto é, das fofocas. Nessas ocasiões, sempre devolvia as perguntas desenhando o quadro geral do jogo político para que eles analisassem a situação. Todas as quintas-feiras os repórteres das grandes revistas iam conversar comigo para saber o que eu estava achando daquele quadro e eu falava. Todo mundo dava informações, dicas falsas, inventava boatos e até fazia indiscrições. Eu falava sobre o que acreditava ser o "processo político".

O jornalista percebe quando você está abrindo o jogo ou não. Quando cheguei ao Ministério da Fazenda, tinha contato diário com a mídia porque eu queria explicar as alterações que faria. Todos os dias perguntavam: "Ministro, quanto vai ser a inflação desse ano?" E eu lá sabia quanto ia ser a inflação? Não sabia e nem estava preocupado com isso. Estava preocupado em acabar com ela. Então explicava as coisas com paciência de professor. Sempre explicando, explicando, explicando...

Em minhas relações com a mídia sempre procurei receber quem me procurava. Quando fui para a Presidência teve que ser diferente, porque tudo é mais formal, mas ainda assim eu recebia jornalistas – no café da manhã, nas entrevistas coletivas de imprensa, nas viagens... Conversava, e não era só com jornalistas dos grandes jornais. Minha assessora de imprensa, Ana Tavares, era muito competente; ela se dava bem com todo mundo e tratava todos de maneira igual. Nós tínhamos uma política que coincidia com o meu modo de ser, que é o de dar atenção a todos. Acho que isso nos ajudou a ter um bom relacionamento com os jornalistas.

Uma regra de ouro para você, jovem que deseja entrar para a vida política, é: não reclame da imprensa. Jamais peguei o telefone para me queixar de algum repórter com dono do jornal ou com editor-chefe. Nunca pedi a demissão de ninguém, nem reclamei de ninguém, coisa que vive acontecendo por aí. Às vezes, claro, eu ficava chateado com as mentiras. Aqui no Brasil não há respeito à fonte original da notícia: você é o Presidente da República e conversou com duas ou três pessoas; essas pessoas saem dali e contam para outras tantas, que são as que falam com a imprensa; e a imprensa, confiando nessa "fonte secundária" põe entre aspas o que você disse, mesmo que não tenha sido foi exatamente o que você disse. Isso acontecia com certa frequência, até que percebi não haver importância, porque o leitor não é bobo. O leitor também releva e, na verdade, mesmo que o texto não tivesse reproduzido exatamente aquilo que eu disse, em geral estava apontando para aquilo que eu pensava. Então eu relevava – e não reclamava. O único momento em que não se pode deixar de reclamar é quando a imprensa toca na honra, quando reproduz informações falsas e graves; aí não dá para aceitar. De pequenas falsidades sem gravidade eu não reclamava.

Em 1982, a jornalista Míriam Leitão, de quem gosto muito, entrevistou-me para a revista *Playboy*. Jantei com ela e com um assessor meu em Curitiba. Foi uma longa entrevista, e boa, mas fiz duas declarações que me causaram muitos problemas. Uma era sobre o uso de drogas. Ela me perguntou alguma coisa sobre droga e eu disse que não fumava nem cigarro, imagine então coisa mais forte. Disse apenas que quando era professor em Stanford, nos Estados Unidos, em 1971, apesar de todo aquele ambiente (Stanford fica na Califórnia, onde na época havia muitos hippies, o pessoal todo de cabelo comprido, muita confusão, muita manifestação, muito retrato do Guevara), meus filhos nunca tiveram, que eu saiba, qualquer problema com droga. Eles estudaram lá e nós recebíamos relatórios da escola sobre a porcentagem de consumo de drogas entre estudantes, crianças que tinham tido experiências com droga, os diversos tipos de droga, a maconha, as drogas mais fortes, e meus filhos nunca se envolveram com isso. E contei também que uma vez, quando estava em Nova York com uns primos meus em um bar muito famoso na época, o P.J. Clark's, alguém na mesa de jantar acendeu um cigarro de maconha e eu achei horrível o cheiro. Na minha campanha para prefeito isso foi transformado de tal forma que acabei virando maconheiro! Uma vez, nos arredores de São Paulo, uma senhora disse: "É, mas disseram que o senhor vai distribuir maconha no lanche das crianças..." Política é isso também: o uso da infâmia. Quando contei a história à Míriam, não atinei para a gravidade da coisa e nem ela... Este foi um fato que me custou muito.

Nessa mesma entrevista, falando sobre as Forças Armadas, eu disse ingenuamente que era preciso mudar sua destinação constitucional – e nós estávamos no regime militar. Isso também me deu dor de cabeça. No fim, com o passar do tempo, a vida seguiu, os problemas passaram e acabamos todos salvos.

A imprensa, como tudo, comete erros e acertos, é dividida, sua natureza é a contradição e não se pode esperar que ela esteja sempre a favor. O que não muda é o seu papel indispensável na vida de um país democrático – e, portanto, na vida de todo homem político. O papel de criticar livremente os poderosos, mesmo que exagere ou tome o deslize como a tendência.

12. Nunca sozinho e sempre só

Manter os pés no chão e os olhos abertos para o mundo real que existe fora da política – eis aí um preceito que você não deveria perder de vista no decorrer de sua carreira política. Quando não se presta atenção a isso, a consequência pode ser a perda de contato com a realidade, uma espécie de risco ocupacional de todo político.

Para um político ou uma política jovem, que ainda está no começo, a questão não é tão presente. Sua vida não muda muito, você continua a receber mais ou menos o mesmo tratamento que recebia antes e permanece ligado aos hábitos que tinha. Mas à medida que vai avançando em sua trajetória será inevitável que a questão comece a se colocar, tanto mais quanto maior for o seu êxito. De modo que é bom preparar-se logo para isso. O fato é que quando se chega às grandes posições políticas no governo, ou seja, prefeito de uma capital, governador, ministro, presidente – sobretudo presidente, que é quem tem mais poder e se vê cercado por mais cerimonial, mais rituais, mais barreiras –, a perda de contato com a realidade é um risco permanente. Por quê? Porque numa posição dessas você fica naturalmente cercado por muita gente e, ao mesmo tempo, cada vez mais isolado das condições da vida comum.

Quando o presidente da República vai sair de um lugar para ir a outro, por exemplo, mesmo que seja do Palácio do Planalto para ir jantar em algum lugar a 500 metros de distância, isso mobiliza umas cinquenta pessoas. Tem que avisar o ajudante de ordens, outros oficiais de segurança vão se deslocar num grupo de frente para examinar as condições do local, há motoristas, seguranças, gente que acaba indo com você e assim por diante. Se você for fazer uma viagem, visitar por exemplo uma cidade no interior do Nordeste, é mais gente ainda que se movimenta. Aí entra o governador do estado, o cerimonial e a segurança estaduais, a segurança da República. E não é mais uma viagem só, são duas, porque na frente vai o que eles chamam de comitiva precursora, levando um monte de gente. Se for para o exterior há quase uma multidão à sua frente e à sua volta. Por mais que você esperneie, diga "não quero, não preciso", quando você menos espera está cheio de gente ao seu redor. Além do pessoal de sempre, há todo o sistema de comunicações, técnicos para providenciar contato imediato com o Brasil, médico, ambulância, carro de bombeiro... Se for o presidente dos Estados Unidos é muito pior. Então estaremos falando de centenas de pessoas.

A questão não fica nas viagens. Mesmo quando o presidente está em seu local de trabalho, ou em qualquer tipo de lugar, raramente está sozinho. Você nunca está sozinho e, ao mesmo tempo, está sempre sozinho. Há um grande número de pessoas à sua volta, mas quando é preciso tomar uma decisão, raramente é com essas pessoas que se pode falar. Além disso, as pessoas que se aproximam de alguém que tem poder dificilmente se sentem em condições de dizer as coisas que querem realmente dizer. Mesmo que o presidente não seja formal, a situação é formal. É claro que disso só podem resultar conversas formais, o que leva o ocupante do cargo à contingência de passar a maioria do seu tempo se comunicando numa linguagem que acaba não sendo nem a sua nem a do interlocutor.

Outro dia, um amigo que foi ministro no meu governo me contou da dificuldade que ele tinha muitas vezes, quando estávamos só nós dois, para dizer certas coisas, por cuidado de não ser interpretado de uma maneira equivocada. Isso com alguém que era amigo e ministro de Estado! Imaginem então com outras pessoas. O poder faz essas coisas. Fica muito difícil receber a informação sem filtros. É preciso também notar que quando você tem uma posição de mando acaba tendo muito mais informação do que as pessoas pensam, porque, curiosamente, na presença do presidente da República os interlocutores, em geral, são cerimoniosos mas contam coisas dos outros. (E eu não gosto disso; que contem dos outros eu não me incomodo, mas que façam intrigas eu não gosto.) De qualquer maneira, você recebe uma massa enorme de informações quando ocupa um cargo importante na vida pública. Como é, então, que você forma o seu quadro de referência para decidir? Porque o problema não é a falta de informação, e sim a falta de um quadro que organize sua cabeça, que lhe permita saber o que está acontecendo no conjunto e por aí deduzir o que vai acontecer, como é que aquela situação vai se desdobrar, quais as consequências disso ou daquilo.

Como manter os pés no chão

Eu diria, pelas experiências que vivi na Presidência, que há dois cuidados básicos para se lidar com essas circunstâncias e se manter com os pés no chão num ambiente que o tempo todo empurra você para a perda de contato com o mundo real. O primeiro é escolher uma ou algumas pessoas que possam, realmente, contar e ouvir a verdade – sem disfarces, sem cálculos, sem constrangimentos – e trabalhar estreitamente com elas no seu dia a dia. Pode ser um velho amigo ou amiga, um auxiliar próximo, um ministro, não importa. O essencial é que, se estiverem na estrutura do governo, que tenham a sua completa confiança e que possam contar as coisas como elas são. Uma pessoa no poder precisa disso como precisa de ar. Tem, obrigatoriamente e durante todo o tempo, que conversar com interlocutores que tenham plena condição de lhe dizer 100% da verdade – ou, pelo menos, aquilo que sinceramente percebem como verdadeiro. São conversas reais, – não despachos em que a pessoa que está à sua frente jamais se esquece de que está falando com o presidente da República e, de uma maneira ou de outra, sempre vai dizer só uma parte da verdade – para não magoar, para não ferir, porque quer ter uma vantagem, porque tem medo, porque acha que não fica bem, por mil e uma razões. Não há saída. Ou a pessoa no poder consegue construir uma linha permanente de contato com a verdade – e com o mundo real – ou fica perdida.

O segundo cuidado é desenvolver a capacidade de não entrar no olho do furacão. É indispensável conseguir se afastar mentalmente dessa enorme teia que se forma em torno do gabinete, de modo que possa pensar direito no que está de fato acontecendo e, no fim de contas, tomar uma decisão. Quem está no poder, sobretudo o presidente, é pressionado o dia inteiro por informações, por interesses e por valores que se contradizem. Uns desejam que se faça isso, outros, que se faça aquilo. Para a mesma situação pintam dois ou mais quadros diferentes. Cada um dá a sua própria versão dos acontecimentos. O tempo todo se está diante de posições contraditórias, de informações que se chocam, de opiniões em conflito. É assim mesmo, mas uma hora você tem que ser capaz de formar a sua opinião e decidir – e para tanto é preciso se afastar de tudo isso, pensar sozinho e resolver o que será feito. Quando você está numa posição de mando, tudo que vem à sua mesa é "pepino", como se diz. O que vem é para ser decidido – é isto ou aquilo, é cara ou coroa, e tanto para um lado como para o outro há bons argumentos. Obviamente, não se pode ficar discutindo as coisas para sempre. Ao fim e ao cabo, será inevitável decidir. Se quem está no topo deixou-se envolver pela irrealidade, se não soube distanciar-se do clima artificial gerado pela presença do poder, fatalmente vai decidir mal – ou vai achar que decidiu quando, na verdade, está apenas mandando executar a decisão tomada por outros.

O estranho hábito de abrir portas

O fato é que tudo colabora para afastar da realidade a pessoa que está em posição de poder. É o que eu chamei de risco permanente de ruptura com o mundo real. Esta perda de contato se estende a mudanças nas coisas mais rotineiras, mais básicas da vida de um ser humano, mudanças que a pessoa no poder obviamente não quer – eu, pelo menos, não queria –, mas que são obrigatórias e acabam por reforçar ainda mais o isolamento e criar um mundo cada vez mais irreal no seu dia a dia. Você leva uma vida que não guarda a menor relação com a vida das pessoas comuns. No limite, você não abre mais uma porta. Claro que eu sempre procurei abrir a porta, mas não é fácil conseguir – alguém sempre acaba abrindo a porta para o presidente. Você não carrega mais nada. Não carrega uma mala, um livro, um pacote. Não compra uma passagem, não vai a uma loja, não paga uma conta de luz. Não vai a um cinema, um restaurante, uma padaria sem ter um batalhão de gente em volta. Uma coisa que eu gostava de fazer, por exemplo, guiar carro, não pode. É irreal. Por isso é preciso ter uma boa estrutura pessoal, para ver que tudo isso, sobretudo aquelas coisas que acabam gerando comodidades absurdas, vai passar um dia. Ou a pessoa no poder tem uma noção clara de que essa situação é passageira, lembrando todo dia que a vida real não é assim para ninguém, ou acaba achando que o cotidiano no poder é natural – e aí se perde totalmente. É indispensável entender que aquilo é um momento, e que nada é feito por sua causa e sim por sua função.

Em relação a todo esse tema, na verdade, a passagem pela Presidência acaba deixando marcas que acompanham a pessoa mesmo depois que ela deixa o cargo. No meu caso, algumas coisas continuam sendo impossíveis até hoje. Guiar um carro, por exemplo, nunca mais. Porque se eu tiver a infelicidade de causar um acidente as coisas vão se complicar muito. Até mandei renovar minha carteira de habilitação, mas não guio mais. É que depois que a pessoa chega à Presidência da República tudo o que acontece em torno dela, mesmo após o encerramento do mandato, vira um fato político. Imagine estar envolvido num acidente de carro – o que vão dizer? "Presidente assassino!" Não dá. Essa liberdade eu não tenho mais. Não tenho, aliás, várias liberdades, mesmo não sendo mais presidente. As coisas acabam tendo que ser mais formais do que eu gostaria. Ir à praia se transforma numa operação delicada. Tudo é delicado. Você nunca sabe o que pode acontecer.

Outro dia fui à padaria comer um sanduíche. Todo mundo olha, todo mundo comenta, e fica aquela impressão que você não foi à padaria apenas para comer um sanduíche, mas porque está em campanha... É preciso também tomar cuidado com uma porção de pequenas coisas que normalmente não deveriam causar a menor preocupação. Por exemplo, quando me dão uma página em branco e me pedem a assinatura para um autógrafo, tenho de fazer uma assinatura levemente diferente da minha. Sabe Deus o que vão fazer com aquela assinatura. De repente, ela aparece num "documento", a coisa vai parar na imprensa e está formada a confusão. Até explicar... Hoje em dia os telefones celulares possuem câmeras; fotografam você o dia inteiro e você não sabe por quem está sendo fotografado, com quem, nem para quê. Meus movimentos continuam limitados – não tanto quanto na Presidência, é claro, mas continuam. Tenho seguranças, ainda, e acho que vou ter até a morte.

Compartilho isso tudo com você não porque queira me queixar – o que não teria o menor propósito, mesmo porque ninguém chega ao topo da carreira política porque foi forçado –, mas para enfatizar o quanto é forte o impacto causado na vida de uma pessoa por sua passagem pelos cargos mais importantes da vida política. Uma pessoa jovem que pretenda se dedicar à política certamente será levada a entrar em contato com aspectos deste mundo irreal que se forma em torno dos postos mais altos da carreira – diretamente, caso você chegue até lá, ou por suas relações com quem está no topo da escala. Ter os elementos básicos para analisar corretamente a questão pode ajudar bastante, desde o início da sua trajetória, a entendê-la melhor.

13. Opinião pública: buscando o equilíbrio

Ao entrar na vida política, você deve estar ciente de que mais cedo ou mais tarde será colocado diante de uma contradição: o político não pode exercer bem as suas funções agindo contra a opinião pública, e não pode exercê-las bem agindo sempre a favor. O que eu quero dizer é que não se governa sem a opinião pública e, ao mesmo tempo, não se governa só com ela. Não estou me referindo à popularidade, apenas, como tratamos em outra carta. Refiro-me à relação entre o político e a opinião das parcelas organizadas da sociedade, que se expressam por intermédio da mídia ou diretamente, por seus porta-vozes. É fundamental, durante toda a carreira, ter o entendimento claro de que uma das mais importantes (e difíceis) obrigações do político é administrar esse conflito. Ninguém faz nada sem apoio da opinião pública; e também não faz nada durável no governo se achar que suas ações e decisões têm que agradar a opinião pública a qualquer custo.

Já disse antes que o grande problema do homem público não é perder a popularidade, e sim perder o respeito. Quem tem medo de desagradar perde a credibilidade, e quando ela vai embora pouca coisa fica de pé. Aqueles que falam ou governam olhando o tempo todo para as pesquisas de opinião, só fazendo ou deixando de fazer o que elas sugerem ou recomendam, vão estar sempre correndo um alto risco. Se você não tem capacidade de tomar decisões que contrariem os sentimentos ou as vontades que as pessoas demonstram neste ou naquele momento, como você pode ser um líder? Servirá apenas para seguir atrás da maioria – e, pior ainda, seguir maiorias transitórias, que hoje estão aqui e amanhã estão ali, pois as correntes de opinião também mudam de posição. Você é eleito e pago para servir à população. Mas servir não quer dizer somente agradar; servir é fazer o melhor que for possível. Quando o político demonstra, com os fatos, que o seu caminho deu certo, o apoio aparece ou volta a aparecer. Em momentos decisivos, um bom político não é o que vai atrás, mas o que abre um caminho novo.

A diferença entre liderar e seguir atrás

O líder tem que estar sempre avaliando, portanto, o equilíbrio entre a popularidade e o apoio, de um lado, e a decisão correta de outro. Se você só tomar uma decisão porque todo mundo está de acordo, você pode não tomar a decisão correta ou tomá-la tarde demais. E se for governar só com base na popularidade, tenderá a cometer tantos erros que, numa hora qualquer mais adiante, acabará ficando impopular. Um caso clássico: dar aumento salarial quando não há condições para isso. O preço a pagar, como um bumerangue, logo aparece.

Não se deixe impressionar por tudo o que se fala sobre "político de massas", "comunicação de massas", "marketing político" e por aí afora. Isso acaba atrapalhando mais do que ajudando a entender seu verdadeiro papel como líder. A pressão é para fazer o que todos querem, saber quantos por cento são a favor ou contra. Não pode ser assim.

Veja, por exemplo, a questão da pena de morte, um tema candente e muito próximo das preocupações reais da população. Se uma pesquisa, é possível que o resultado indique que a grande maioria é a favor. Só que isso não pode levar uma pessoa com responsabilidades de governo a propor a adoção da pena capital no Brasil. O mesmo se dá com outros temas delicados, como o aborto. É preciso encontrar – e aí está uma das tarefas que mais exigem talento dos políticos dentro de um regime democrático – o melhor ponto de equilíbrio entre a necessidade de respeitar a opinião pública e a necessidade de governar bem. Muitas vezes elas coincidem, mas outras vezes não. E se no governo você só tem popularidade e não bom critério é certo que você vai governar mal.

Quando eu estava na Presidência da República, criamos o Proer, um programa destinado a dar segurança ao sistema financeiro, através do qual o governo intervém em bancos em situação de falência para proteger os interesses dos depositantes. Foi um barulho monumental. Embora estivesse claro que os acionistas deveriam ressarcir com o seu patrimônio os custos incorridos pelo governo na recuperação dos bancos, a oposição abriu as baterias. Como o Proer evitava a pura e simples falência do banco, e com isso resguardava o dinheiro dos depositantes, veio toda aquela gritaria: "É hospital para banqueiro! Estão roubando o dinheiro do povo! Estão defendendo os milionários!" O cúmulo foi dizerem que o Proer havia sido criado porque "o filho do presidente é casado com dona de banco". De fato, meu filho era casado na ocasião com uma acionista do, agora extinto, Banco Nacional, uma das instituições atingidas pelo Proer. Mas a família da minha então nora não teve nem um centavo de benefício com o programa. Foi exatamente o oposto disso. No preciso momento em que assinei a medida provisória criando o Proer, perderam milhões de reais. Porque até então os acionistas controladores de um banco não eram responsáveis pela insolvência; só as pessoas que estavam na administração tinham de responder com seu patrimônio pelos prejuízos. Mesmo assim a oposição dizia que o Proer era um instrumento para defender banqueiro.

Eis aí um episódio flagrante em que você perde popularidade para fazer a coisa certa. O programa era fundamental para a defesa do sistema financeiro do Brasil. Se não fosse feito, o país continuaria sob ameaça de caos nesse sistema. Sem um instrumento para evitar que um banco em dificuldades feche de um dia para outro e deixe ao completo desamparo as pessoas que têm dinheiro ali, há um risco permanente de "corrida", a reação em cadeia de gente retirando dinheiro dos depósitos, que pode atingir todos os bancos. Mas como é que o povo vai entender isso? Não vai entender. A maioria da população não tem dinheiro naquele banco específico cujo fechamento foi evitado pelo Proer. A oposição vai atacar, atacar, atacar. Se não tiver consciência do que está fazendo, você perde a parada. Defende a sua popularidade, sim, mas prejudica o país.

Fazendo a coisa certa, passei anos ouvindo que dei dinheiro para banqueiro. Mas não tem importância. A recompensa é saber que cumpri minha obrigação como homem público, evitando, em primeiro lugar, que o sistema financeiro todo fosse para o buraco e, em segundo, que os banqueiros responsáveis pela má situação ficassem preservados. Os fatos mostraram que esse caminho estava certo. Nunca mais se ouviu falar no Brasil em corrida bancária. E a oposição?

Criticaram muito o Proer quando estavam do outro lado mas mantiveram o programa quando chegaram ao governo. Não mexeram em nada.

Como dar as boas notícias

Outra questão muito presente é como transmitir adequadamente à opinião pública o trabalho e as ações do governo. Há sempre uma discussão em torno de quando e como dar as chamadas "notícias boas". Tenho dúvidas sobre isso. Notícia boa para o povo é aumento do salário mínimo, é a queda da inflação cair, é ter emprego. É mexer no bolso, enfim. E você não tem muito controle sobre o momento de divulgar essas notícias. O salário mínimo, por exemplo, já vem com data fixa. Índices de desemprego e de inflação saem todo mês. Crescimento econômico também.

É difícil, assim, ter medidas que se possa guardar no bolso do colete para anunciar no "melhor momento". E mesmo que haja algo positivo para anunciar, o governo não consegue controlar a divulgação. Veja o que ocorre com esses "pacotes do bem" que periodicamente são costurados nos governos. A imprensa fura tudo, dá a notícia antes, e faz muito bem. Quando dezenas de pessoas têm uma informação, às vezes até antes do presidente, é inevitável que a notícia vaze e acabe sendo publicada. O que se pode fazer? A imprensa não está aí para atender as conveniências do governo.

Assim como não controla o momento da notícia, o governo não controla a sua edição, ou seja, a forma exata como ela chega ao público. E é saudável que não controle, é claro.

Mas não é fácil administrar as incertezas criadas por isso. Digamos que o governante anuncie que sua administração fez 5 mil casas populares em três meses, mas, ao dar a notícia, a mídia observa que o déficit no país é de 4 milhões de casas. Pronto: essa simples observação anula completamente o efeito positivo do fato que está sendo anunciado.

Também não há controle do instrumento através do qual o político fala. Os jornais ou as revistas cortam muita coisa do que você diz. A televisão, então, pica em pedacinhos. O resultado é que você jamais sabe o que vai ser publicado de tudo aquilo que disse. É natural. Como é que a mídia poderia, fisicamente, publicar tudo na íntegra? Além disso, é função da imprensa desconfiar do governo.

Seu papel como político, insisto, não é ficar reclamando dessas coisas. É entender que a realidade é assim e aprender a saltar os obstáculos existentes para se comunicar com a opinião pública – algo que, reconheço, é fácil de aconselhar e dificílimo de fazer.

14. Dos símbolos às promessas

Como falar com o povo? Estamos de novo no universo da comunicação, tema frequente nestas cartas por seu peso decisivo em tantos aspectos da atividade política num regime democrático.

Alguma coisa aprendi. Cito mais uma vez Jânio Quadros. Quando começou a fazer campanha de massa, ele descobriu que a imagem também era um símbolo importante. Parecia ridículo para muita gente toda aquela encenação de caspa no paletó, sanduíche no bolso para comer simulando que estava com fome, boné de motorneiro da Companhia Municipal de Transportes Coletivos. Não só parecia como era mesmo ridículo, e não estou sugerindo a ninguém que faça nada parecido. O que estou dizendo é que Jânio soube perceber a eficácia da simbologia na política, dentro das condições reais que existiam na sua época em termos de contato com a maioria da população. Isso lhe deu uma vantagem enorme. Ele não falava com as palavras, falava com símbolos. Não se comunicava com discurso, comunicava-se com a vassoura. E a linguagem de massa é simbólica.

O Brasil mudou imensamente de lá para cá, o grau de instrução e de informação do povo mudou, os meios de comunicação mudaram, mas os símbolos continuam a existir. É necessário, então, que você, que deseja entrar na vida política, esteja atento a eles. Nesse ponto, os "marqueteiros" podem ajudar. O importante é que tanto eles como os políticos saibam distinguir o que é fazer uso correto da simbologia e o que é falsificação, ou demagogia pura, e que saibam, ao utilizar símbolos, que campanha eleitoral é uma coisa e o exercício da função é outra. Abusar de símbolos quando se está no governo é perigoso. A pessoa corre o risco de ficar oscilando entre alguém tolo ou enganador, depois vai se tornando cansativo; e a certa hora pode acabar perdendo a compostura. Aí o símbolo, em vez de ajudar no contato com a opinião pública, vira apenas uma coisa que irrita a maioria da população.

A regra básica: seja você mesmo

O político também tem que desenvolver a capacidade de saber onde, como e quando pode se comunicar melhor com o público, e usar o local, o instrumento e o momento que lhe são mais adequados. Isso varia de pessoa para pessoa. Você, basicamente, tem que ser natural. Eu não sou bom para fazer comícios. Acho que me saio melhor na televisão, onde o público é diferente (e até pode ser muito maior) do público de comício.

Comunicação, não podemos nos esquecer, é um ato de duas vias, de duas mãos, e nem sempre as duas vias estão abertas. Às vezes é o político que não está com sensibilidade suficiente para entender que é hora de falar. Outras vezes ele fala e o povo não está com vontade de ouvir. Não se trata de uma questão técnica, que pode ser resolvida num escritório de publicidade. É comum o político ouvir, diante de seus problemas de comunicação, coisas do tipo: "Põe aí um bom marqueteiro que resolve..." Não resolve. Se você não estiver com o momento, o conteúdo, o meio e o público certos, não adianta ficar mexendo na maquiagem, arrumar um sorriso novo ou trocar de guarda-roupa.

A comunicação hoje é cada vez mais segmentada. Os políticos têm o hábito de falar em geral, para o mundo todo e para todo mundo. É necessário que você fale das questões mais amplas, sem dúvida, mas é importante que fale também para públicos mais específicos. Para se comunicar bem, por exemplo, com professores secundários, trabalhadores da indústria automecânica, gente da área de informática e assim por diante, você não pode fazer o mesmo discurso. Deve ser a mesma filosofia, mas o tom e a linguagem têm que ser diferentes.

Como nós vivemos numa sociedade de massas, a comunicação também tem que ser adequada a essa sociedade. É preciso falar via televisão, ou via rádio, e não esquecer a Internet, que é o veículo mais adequado para uma comunicação segmentada. O político brasileiro está habituado a falar pela imprensa, e deve continuar utilizando-a, mas precisa saber por que e como. A imprensa escrita no Brasil alcança talvez 5 milhões de pessoas. O que vale aí não é a quantidade de pessoas; a importância está no fato de que esses 5 milhões são realmente os formadores de opinião, constituem o que se chama de "opinião pública". Os comentaristas de rádio repetem, desenvolvem e amplificam o que leem na imprensa. A televisão, da mesma forma, orienta seu noticiário pelo que foi publicado nos jornais e nas revistas. A imprensa escrita, assim, funciona como a seiva dos meios eletrônicos. Mas, ao mesmo tempo, o político precisa falar no rádio e na televisão para chegar às grandes audiências. E a televisão, especialmente, requer certa tecnologia. É aí, outra vez, que vêm os marqueteiros – e a necessidade de achar o equilíbrio entre as recomendações que eles fazem, como profissionais, e aquilo que você precisa dizer, como político.

O tom, o ritmo e as modulações que devem ser usados na televisão merecem uma avaliação cuidadosa, para que a comunicação com a audiência possa surtir bons efeitos. No meu caso particular, acho que sou ajudado na televisão porque normalmente eu falo como professor, não como político. Um professor, por hábito profissional, comunica-se com o objetivo de esclarecer. O político não explica, ele incentiva, exorta, excita – e a televisão não é um meio para excitar, é um meio muito mais calmo do que excitante. O que excita na televisão é a imagem, não é a fala. O que mexe com as emoções do telespectador é o que ele está vendo, não o que está ouvindo. O político acha que com o discurso levanta as massas na televisão. Não levanta. O que levanta são as imagens, e elas não são produzidas pelo político, mas pela televisão. Habitualmente, na televisão, eu tento ser racional, analisar, explicar. Claro, não basta apenas ser racional. Você também precisa transmitir emoção. Mas essa emoção não pode ser produzida. Ou ela é verdadeira, ou a televisão denuncia, na hora, que aquilo tudo é artificial.

Também gosto muito do rádio como meio de comunicação com a opinião pública. O rádio dá uma sensação maior de proximidade, é mais intimista, permite a quem está ouvindo se sentir mais perto de quem está falando. Na televisão, embora você veja a pessoa, ela parece mais distante. É um meio mais frio que o rádio. Quando a situação estava difícil para mim, para o meu governo, eu recorria muito ao rádio. Às sete horas da manhã, no Alvorada, meus assessores chegavam, nós nos preparávamos e então eu falava, digamos até às oito da manhã, para várias rádios do Brasil. Preferia não falar para as rádios principais, e sim, por exemplo, para as emissoras do interior de Mato Grosso, Goiás, do Pará ou de outros estados. Quando se fala para essas rádios que não atingem as grandes cidades, a imprensa não sabe que você está falando, e com isso você ganha tempo para preparar a opinião pública. Não se arma aquele barulho todo de uma vez, a coisa vai sendo feita aos poucos, com mais calma, e assim se reúnem condições melhores para esclarecer o que deve ser divulgado. Em geral isso é bom, também, porque você não faz um pronunciamento oficial. Você fala nos programas de locutor. O locutor de rádio, diferentemente do que acontece na televisão, conversa com a população; aí você fala com a população através do locutor. Isso tem um efeito enorme.

Lembro-me de um episódio em torno da reforma da Previdência, quando me acusaram de ter dito que todo aposentado era "vagabundo", coisa que obviamente eu jamais disse e nem poderia dizer, pois não sou nenhum demente. Fizeram uma confusão enorme – a oposição, a CUT, a imprensa toda. Para desfazer essa intriga, falei várias vezes no rádio, estação por estação, para explicar do que se tratava e esclarecer o que eu realmente tinha dito: que no Brasil a Previdência beneficiava certo número de pessoas com aposentadorias altíssimas esses sim qualifiquei (e mal) de vagabundos; e não à maioria dos aposentados. Com esse trabalho, felizmente, a verdade acabou prevalecendo.

Outra forma de comunicação que considero importante são as entrevistas à imprensa. O povo acredita muito mais na mensagem que você transmite através de uma entrevista coletiva do que na fala oficial. A fala oficial todo mundo sabe que é oficial. O público é forçado a assistir porque os meios eletrônicos são obrigados a entrar em rede para transmitir, mas ninguém acredita muito naquilo. Agora, quando há uma entrevista coletiva, em que as perguntas são livres – às vezes impertinentes e agressivas – e qualquer resposta que se dê pode ser contestada na hora pelos entrevistadores, tudo fica muito mais autêntico. É a melhor coisa, não tenho dúvida. É preciso saber fazer isso direito, claro, porque os jornalistas não são bobos. Sabem fazer perguntas embaraçosas, não aceitam respostas evasivas, insistem nos pontos polêmicos. É preciso saber evitar as armadilhas e saltar os obstáculos. Mas é muito bom, porque nessas ocasiões o político mostra à opinião pública que não está se escondendo, que tem coragem para ficar na frente de todo mundo e responder qualquer a pergunta, que vai lá e encara as suas responsabilidades.

Seja como for, nessas horas você não deve jamais se esquecer do mandamento principal: o de responder o que lhe foi perguntado. Deve ser hábil para evitar as armadilhas mas precisa responder. Nem que seja para dizer: "Isso eu não sei; vou procurar saber e logo que souber respondo." Eu procuro sempre responder na hora. A pior coisa é não responder ou fugir da questão. Não adianta: o povo percebe no ato que você está querendo enganar. Sem dúvida seria muito melhor se o homem público tivesse tempo de meditar bem sobre aquilo que lhe foi perguntado, refletir, trocar ideias e reunir mais elementos para responder. Mas esse tempo não existe, nem nas entrevistas coletivas nem na vida política em geral.

O tempo é sempre muito escasso, mesmo quando se trata de aparecer na televisão, que, como vimos, exige preparo prévio, logística pesada e a interferência dos profissionais que vão formatar a sua comunicação.

Nessas condições, se puder lhe dar um conselho, eu diria o seguinte: fale diretamente, fale do jeito que você é, fale o que você realmente pensa – e não se deixe conduzir pelos intermediários. Quando o marqueteiro é inteligente, e mesmo fora da campanha eleitoral, o que ele faz? Ele sublinha as suas qualidades positivas e trata de esmaecer as que eventualmente não são positivas, mas não o deforma, não constrói uma pessoa que não existe. Frequentemente, porém, é assim que fazem os publicitários, e aí fica falso, não pega, não convence realmente ninguém.

A linguagem de hoje é cada vez mais direta – na verdade, é um misto de linguagem informal e educada, sem censura e sem vulgaridade. Não se pode falar de maneira pedante, mas não se pode cair na vulgaridade; não é isso, simplesmente, que o público espera de alguém que ocupa um cargo de importância. É preciso cuidado, portanto, com as teorias de espertreza que andam por aí na área da comunicação política, recomendando embalagem bonita, linguagem "popular", a criação de um personagem que agrada a todos. Não é assim que você construirá uma carreira que valha a pena na política.

Realizações e promessas

Na angústia de chegar ao poder, alguns políticos acreditam que prometendo muito, prometendo qualquer coisa, chegam lá... e chegam mesmo. O difícil nessa história é que chegam. Por quê? Porque quando se entra em clima de eleição a população geralmente olha o futuro. Não olha o passado. Dizer "eu fiz tal coisa" não tem a menor importância; você fez no passado, já foi, não interessa mais. Você tem que dizer o que você vai fazer. É muito conveniente, porque de um lado o político pode ficar na conversa, na promessa e, de outro, é justamente isso o que as pessoas estão querendo ouvir naquela hora, porque querem melhorar, querem ir para frente, querem avançar. Naturalmente, o político malandro usa isso. Ao mesmo tempo, todo político, bom ou mau, deve ter a capacidade de inspirar algum caminho – ou seja, tem que prometer alguma coisa. Senão, qual a razão para votarem alguém? O eleitor vota num candidato porque acha que ele fará coisas positivas, tem um projeto. Mesmo que o projeto não exista, o político vai acabar prometendo desenvolver algum.

Os políticos que estão na vida parlamentar podem ficar na promessa de defender causas. Causas, só, e olhe lá. É mais simples, porque a defesa de causas não requer realmente a apresentação posterior de resultados e, além disso, o parlamentar sempre pode dizer que lutou, sim, pelas ideias que prometeu defender; se não aconteceu nada, a culpa não pode ser atribuída a ele.

Os que vão para o Executivo têm que prometer algo concreto, ligado ao mundo material das obras e realizações, dos interesses objetivos, da construção de instituições. O problema do político nesses casos é o que fazer, depois de eleito, com as promessas que apresentou durante a campanha, porque muitas vezes promete o que não pode fazer. Faz isso por uma porção de motivos: má-fé, esperteza, inexperiência, excesso de autoconfiança, despreparo, ilusão.

Não é tudo mentira; é também um autoengano. Às vezes a impossibilidade de cumprir a promessa é tão gritante que se transforma em mentira mesmo.

Todo político gosta de prometer a criação de milhões de empregos. Como já disse em outra carta, e nunca é demais repetir, quem cria empregos não é o governo, é a economia. Como é que um governante pode prometer a criação deste ou daquele número de empregos se não é ele nem o seu governo que controlam todas as variáveis da vida econômica? Há mudanças na tecnologia, nos fluxos de capital, na estratégia das empresas e numa vasta quantidade de fatores que influem de maneira direta na questão do emprego, muitas vezes reduzindo dramaticamente os postos de trabalho neste ou naquele setor. Há muita ignorância nisso, mesmo de gente que não é ignorante em geral. Os marqueteiros, por exemplo, dizem que é crucial prometer empregos, porque as pesquisas... Ora, eu sei que as pesquisas mostram que o desemprego é uma das maiores angústias da população brasileira, mas não posso prometer uma solução que está acima das minhas possibilidades. O político pode e deve, é claro, assumir o compromisso de executar ideias, adotar programas e tomar medidas que conduzam a melhorias na situação da economia e do emprego, mas agirá mal se prometer cifras.

Vou dar um exemplo pessoal, ocorrido na campanha da reeleição em 1998. Numa discussão de estratégia me levaram o seguinte slogan: "Quem venceu a inflação vai vencer o desemprego." Isso é mentira, porque vencer inflação é algo que depende realmente de atos do governo, e portanto você pode dizer que vai fazer um esforço para vencê-la, como acabamos vencendo. Mas o desemprego não dependia de mim como presidente. Resultado: pessoalmente nunca usei esse slogan, embora setores da campanha o usassem.

Outro caso foi com o salário mínimo, na minha primeira campanha. Concordei em dizer que em quatro anos nós dobraríamos o salário mínimo. Mas não disse, nem poderia dizer, que iria dobrar o salário mínimo real. Bom, nós dobramos, mas dobramos o salário mínimo nominal. O salário real aumentou muito também, mas não na mesma medida. Sim, você pode saltar de 50 para 100, só que a questão verdadeira é saber qual o valor exato destes 100 em relação aos 50 de antes, em termos de efetivo poder de compra; se não for o dobro, é porque não dobrou em termos reais. É bem simples, portanto – basta não se iludir nem iludir a população.

15. A necessidade de alianças

Volto a um ponto que já abordei numa carta anterior: qualquer pessoa que queira exercer uma função política a sério tem que saber responder à seguinte pergunta: para quê? Com qual propósito, exatamente, estou entrando na política? O que eu quero mesmo fazer? A quem desejo representar? Isso é algo que julgo vital para quem está se iniciando na política. A política pode ser uma carreira profissional, mas, se você entrar nela só por causa da remuneração ou para galgar posições, é melhor que vá fazer alguma outra coisa, pois há atividades mais gratificantes para isso.

Só vale a pena entrar na política se a pessoa tiver um propósito, um objetivo, uma causa ou um interesse a defender. Pode ser o desejo de fazer algo pelo país, pela sociedade, por algum grupo de pessoas. Não importa, desde que exista a motivação para realizar uma ideia ou um conjunto de ideias, para obter um resultado prático, para manter uma situação ou para modificá-la.

Muito bem: nada disso o político conseguirá fazer sozinho. Um dos instrumentos mais importantes da vida política, numa sociedade democrática, são as alianças. E o alicerce das alianças sadias é a convicção de que elas se destinam a cumprir um programa para alcançar objetivos. Qualquer aliança que se faça deve estar vinculada a esses propósitos. Os fins não podem justificar os meios. Se as alianças forem feitas por causa de interesses momentâneos, pela possibilidade do ganho imediato, para resolver um problema localizado, o que se fará será apenas um arranjo mal arranjado.

Convergências entre desiguais

As alianças são feitas somente entre desiguais, pois do contrário não seria preciso fazer alianças; os que são iguais em termos de objetivos, que pensam e querem as mesmas coisas, já estão juntos, e não precisam se aliar. A primeira preocupação que se coloca, então, é a seguinte: se os participantes são desiguais, até que ponto os propósitos e interesses das partes são compatíveis? Se não forem compatíveis, a aliança vai ser falsa, e fatalmente produzirá complicações mais adiante. A segunda preocupação é analisar com serenidade os objetivos em jogo dos parceiros, no caso de não coincidirem com os seus, pois é muito possível que haja zonas em que eles se aproximem. O terceiro ponto a tratar envolve a negociação: mesmo que os objetivos não coincidam em certas áreas, se você tiver força suficiente para conduzir o processo poderá convencer aqueles com quem está fazendo aliança a aderir ao seu programa.

Um exemplo concreto: quando ganhei a eleição para presidente da República em 1994, fiz alianças prévias com o PFL e o PTB, negociando com ambos a adesão a um roteiro comum. Em política você tem que calcular realidades. É possível ganhar sozinho ou não? E mesmo que seja possível, será que dá para governar sozinho? Em geral não é possível uma coisa nem outra. Então você faz alianças.

Fiz essas alianças baseado no fato de que eles estavam apoiando o Plano Real, estavam de acordo com a política fundamental que eu vinha então executando como ministro da Fazenda do governo Itamar Franco. Não fiz alianças com os que estavam contra o Plano Real, e que eram muitos, pois não seria possível construir qualquer acordo verdadeiro se existiam divergências insuperáveis em torno de algo tão crítico quanto a política econômica. Depois da eleição, eu ampliei a aliança, porque queria alterar certos artigos da Constituição para fazer reformas, e para isso é preciso ter no mínimo três quintos da Câmara e do Senado. Meu objetivo era fazer alterações que também eram desejadas na ocasião por outras forças políticas. A convergência se dava nisso, mesmo que houvesse diferenças muito grandes em muitas matérias. A aliança se justificava, portanto, por ser feita sobre uma convergência baseada num fundamento de ordem moral.

Na política nem sempre é possível ter simetrias perfeitas. Os partidos não são homogêneos – dentro de cada organização há pessoas que querem umas coisas e pessoas que querem outras, há gente que tem melhor qualidade moral e intelectual que as demais. E há também o erro, puro e simples: qualquer pessoa que queira se dedicar à política, como já vimos, deve estar consciente de que pode errar.

Eu fiz algumas alianças das quais me arrependi. Por quê? Porque calculei errado. Na vida fazemos escolhas das quais nos arrependemos. O importante é não repeti-las e corrigi-las na medida do possível. Na verdade, você não faz uma aliança com cada pessoa, mas com grupos e partidos. O que se busca é uma tendência. Muito frequentemente ela não corresponde ao que deseja cada uma das pessoas que formam os partidos com os quais você está aliado, mas o que interessa é conduzir o processo político na direção das suas propostas mais importantes.

O fato é que as alianças políticas são necessárias, pois salvo em situações excepcionais, naqueles raros momentos nos quais todos se juntam ao redor de uma mesma ideia, a sociedade capitalista e democrática é conflituosa. Cada um quer uma coisa diferente. O bom político precisa determinar o que ele pretende nessa sociedade, ou o que deseja mudar nela, e a partir daí trabalhar para formar uma corrente que, mesmo não sendo homogênea, permita que se avance na direção desejada. Esse é o segredo das alianças.

Não foi o que aconteceu com as alianças do governo Lula. Por que não deram certo? Porque não se sabe bem para que ele as fez. O PT não tinha propriamente um programa definido. De saída isso já embaralha as coisas. Como se pode negociar com os aliados a adesão a um conjunto de propósitos que não existe ou não tem nenhuma clareza? Eles também fizeram aliança de partida com o PL, um partido que nunca tinha estado junto com o PT antes das eleições de 2002. Foi um oportunismo de campanha. As alianças incluíram o PMDB, e isso resultou, anos mais tarde, quando houve o impeachment de Dilma Rousseff, na assunção à presidência de seu vice, Michel Temer, desse partido. Do ponto de vista ético isso é ruim, pois na prática o raciocínio é que os fins justificam os meios. Do ponto de vista político é pior, pois não dá certo – esse tipo de aliança não tem base, é algo ocasional, que vai resultar somente no "toma lá, dá cá". Deu no que deu: escândalos e mais escândalos.

Quando a partilha do poder vira loteamento

Num processo democrático o político sempre divide o poder, o que só não ocorre numa ditadura, e mesmo nas ditaduras o poder acaba dividido de alguma forma. Isso leva frequentemente a desconfianças em torno de consequências inseparáveis das alianças políticas, a começar pela distribuição de cargos no governo. É preciso racionalidade para conviver com essa situação. Todos criticam as alianças, mas não há nenhuma possibilidade de governar sem dividir o poder – sem nomear pessoas de vários grupos para exercerem cargos políticos, portanto. O problema é quando a aliança se reduz só a isso ou, pior ainda, quando é feita com propósitos tortos e jamais declarados, como obter vantagens pecuniárias, de formação de clientelas ou pessoais. Aí não é aliança – é conluio.

Os americanos têm uma expressão boa, quando falam em divisão do poder: *spoil system,* ou o sistema do butim. É como os piratas que chegam, ocupam o navio e se apossam de tudo de valor que puderem. Nos Estados Unidos era como aqui se viu recentemente – em certos momentos da história o partido vencedor tirava os que estavam no poder, nomeava só os seus aliados e usava o Estado como uma espécie de propriedade particular. Obviamente, havia muita corrupção. Hoje há um controle maior. É o que precisa acontecer aqui no Brasil com esses escândalos todos que temos visto. Se se olhar com otimismo, vê-se também que a opinião pública está mais alerta e ávida para a construção de um sistema mais controlável. A construção de uma democracia confiável e capaz de controlar os desvios de conduta e a corrupção faz parte também de um processo, não ocorre de repente.

Já é possível, por exemplo, cruzar as informações quando ocorrem saques muito altos de dinheiro à vista. Antes não se dispunha dessas informações. No começo da minha presidência, o Banco Central, que tem informações sobre as movimentações bancárias, não podia, pela lei do sigilo, informar à Receita Federal e a outras autoridades a respeito das movimentações. Estava errado, e por isso decidimos criar o COAF, ou Conselho de Controle de Atividades Financeiras, através do qual passou a ser possível acompanhar tais saques. Hoje os bancos são obrigados a informar essa entidade, que fica no Ministério da Fazenda, quando há movimentação suspeita nas contas. Daí o COAF informa a Receita Federal, e a Receita investiga, com ajuda da Polícia Federal. Por isso hoje tanta coisa foi descoberta. Está havendo um aumento no controle de tudo. Os paraísos fiscais continuam existindo, mas mesmo neles, por causa do terrorismo, do tráfico de drogas e de outros fatores, as regras para transferência de dinheiro estão se tornando muito mais rigorosas. Em suma, o processo político vai decantando. Hoje em dia aquilo que era comum na época do *spoil system,* embora persista, é rejeitado pela mídia, pela opinião pública. As alianças políticas terão que levar em conta essas novas realidades.

Preservar os objetivos fundamentais

Quando você faz uma aliança e nomeia pessoas de vários partidos para o governo, é preciso manter a espinha dorsal do seu programa, senão você não imprime marca alguma à administração – e tem que imprimir. Eu digo sempre que a questão central consiste em saber se estão sendo discutidas as políticas ou os políticos. Hoje os países mais avançados discutem as políticas. Entre nós, a discussão ainda é sobre os políticos. Mas quanto mais o sistema avança, mais ele se direciona a priorizar as políticas, o que torna mais difícil fazer alianças incompatíveis.

Torna mais difícil, igualmente, a convivência de tendências incompatíveis dentro do próprio partido, embora elas persistam. Dentro do governo Lula, por exemplo, havia gente a favor da política econômica e havia gente que era contra, abertamente. O braço do governo que defendia a reforma agrária não tinha nada a ver com as posições do Ministério da Fazenda e mesmo com o da Agricultura, eram visões opostas. Isso é expressão de uma aliança inconsistente.

No PT, no interior do próprio partido, há correntes que são inimigas, que têm objetivos que se excluem entre si. Como pode existir coerência numa situação dessas? É normal, dentro de certos limites, que haja alas divergentes. Em certas questões, aliás, nem se pode pretender que todos tenham a mesma posição – é o que ocorre, por exemplo, com temas ligados à religião ou, de modo geral, com tudo o que se refere ao mundo das convicções estritamente pessoais. Mas não dá para um ser socialista e o outro ser capitalista. Não dá para um querer o contrário do outro. Não dá, enfim, para cada um discordar daquilo que bem entender, como frequentemente ocorre em nossos partidos, ir contra os objetivos programáticos e ignorar a fidelidade partidária. É impossível que tal sistema funcione bem.

É preciso entender essas coisas, nos seus vários aspectos e nuances, para atuar na vida política. Como estamos vivendo no Brasil, quem quiser entrar na política não pode ter ilusão de que só vai aceitar alianças perfeitas e que tudo vai ser muito coerente, porque a vida, e nem só a política, não é assim. Eu insisto em repetir a importância da capacidade de juízo.

A pessoa tem que ser capaz de avaliar, de ter uma opinião, de decidir. Na questão das alianças, de novo, você pode errar, mas é fundamental que avalie direito se convém ou não fazê-las. Sem uma análise competente e realista, e sem a convicção de que não se pode abrir mão dos objetivos básicos, o erro se torna inevitável.

16. Avaliação permanente

Uma coisa que o político nunca sabe, quando vai nomear um auxiliar importante, é se a pessoa vai dar certo. Eis aqui mais uma destas áreas, tão comuns na vida política, em que você deve estar preparado para ir se habituando a incertezas – e descobrindo o melhor caminho à medida que faz a caminhada.

Há pessoas muito boas em outros campos de atividade que não funcionam bem quando são colocadas na cena pública. Há outras, ao contrário, que não teriam por que se dar bem na vida pública e de repente desabrocham, desempenham muito bem suas funções, crescem no cargo. Não há, portanto, modelos predeterminados. Um exemplo, entre outros, que me ocorre lembrar de meus anos na Presidência é o de Raul Jungmann, ministro da Reforma Agrária. Ele estava numa função técnica, e quando assumiu o cargo de ministro teve que enfrentar uma parada duríssima com o MST. Mas saiu-se muito bem, foi combativo, leal, eficiente. Que dizer de José Serra, economista que foi um grande ministro da Saúde?

Existe gente assim, que você coloca e é uma surpresa. Com Antonio Palocci, para citar um caso do governo Lula, ocorreu a mesma coisa. Quem poderia imaginar, pelo seu currículo até então, que daria um bom ministro da Fazenda? Um médico do interior, político de origem trotskista, prefeito de Ribeirão Preto, sem experiência na área federal, sem formação em economia. Mas deu certo... até que a exposição de suas ligações com o "aparelho" petista tornaram insustentável sua permanência no governo. Na verdade, com relação aos desafios atuais da economia, ele tinha uma posição muito melhor, menos retrógrada e mais realista do que normalmente se poderia imaginar com base apenas no perfil que apresentava antes de chegar ao governo. José Dirceu, por sua vez, todo mundo apostava que seria capaz de realizar muito, mas não conseguiu se manter por não separar suas funções no "aparelho" partidário do papel de ministro.

É normal, em qualquer governo, este tipo de surpresa. Não é fácil avaliar quem vai realmente dar certo quando o jogo começa para valer. E é preciso lembrar, também, que às vezes uma pessoa não se dá bem num determinado lugar, mas funciona em outro com grandes resultados.

Como escolher certo? Boa parte é sensibilidade, experiência e a velha tentativa e erro. Felizmente, há muita gente com a qual se pode contar com um elevado grau de segurança – tem tudo para dar certo e dá certo mesmo. Foi o caso de muitos dos melhores colaboradores que tive na Presidência, como Pedro Malan na Economia ou Paulo Renato, ministro da Educação, ou Pratini de Moraes na Agricultura. Há também o que você sabe de antemão que não vão funcionar, mas é preciso fazer. A conjuntura nos leva, em certos casos, a nomear alguém que não seria o mais indicado. Às vezes é um mal que vem para o bem: escolhe-se o segundo da lista e ele acaba se revelando melhor que a primeira opção.

Navegar é preciso – sem perder o rumo

Na política, assim como na vida, você tem que olhar em perspectiva, ver qual a direção, qual o rumo. É preciso ter um rumo claro quando se nomeiam pessoas para o governo. Se você errar, pode voltar atrás. Não é algo linear. O importante é ter certeza de que se está indo na direção correta. No fundo, a grande pergunta que o político tem que fazer a si mesmo é: "A situação está igual a antes? Estou igual a antes? Melhorei algo? Ou piorei?" Não há um absoluto em matéria de política. Por isso é preciso sempre comparar, e as comparações devem ser feitas dentro e fora do seu país. Dá para fazer melhor? Não dá? Este tipo de comparação é essencial para o político ter condições de medir suas escolhas e determinar se está no rumo acertado.

Outro ponto-chave deste tema é ter disposição para avaliar desempenho. Avaliação é uma coisa pouco habitual e nada popular no Brasil. Aqui ninguém gosta de exame, de teste, de avaliação, de uma forma geral. Nos anos 1970, em pleno regime autoritário, quando ajudei a criar o Centro Brasileiro de Análise e Planejamento, o Cebrap, que foi algo bem inovador, nós tínhamos que organizar o trabalho e viver sem dinheiro público. Conseguimos uns poucos contratos de assistência técnica com prefeituras e coisas do tipo, e o apoio de fundações americanas, suecas, holandesas e canadenses, que eram solidárias conosco pelo fato de sermos perseguidos pela ditadura no Brasil daquela época. Chegou um momento em que nosso trabalho tinha que ser avaliado, e por instituições de fora do Brasil. Universitários foram convidados para isso e eles conversaram com cada membro do instituto, para ver como a pessoa se desempenhava concretamente no trabalho e, depois, apresentar por escrito uma apreciação com elogios, críticas e sugestões. Isso foi visto por alguns dos colaboradores como um exame, algo que aprovaria ou reprovaria as pessoas, e não se tratava de nada parecido. Era apenas uma avaliação, perfeitamente justificada, por parte dos financiadores, que tinham o mais legítimo direito de verificar se o dinheiro cedido por eles para o Cebrap estava ou não sendo bem empregado. É útil para cada um e para todos, pois as críticas ajudam a corrigir e melhorar o desempenho. Que problema poderia haver com isso? Nenhum. Mas as pessoas não gostam. Acham que é desconfiança, intromissão de quem não tem nada a ver com o trabalho, sentem a avaliação como uma ameaça...

No Brasil, se você precisa de uma carta de recomendação, ela terá de conter só elogios. Não deveria ser assim, porque isso tira a credibilidade da carta, que acaba não cumprindo o propósito de informar corretamente a pessoa ou instituição a que se destina. Fora do Brasil, as organizações desconfiam de cartas de recomendação que tenham só elogios. Dou aqui mais um testemunho pessoal. Durante dez anos fui membro de uma instituição americana – o Social Science Research Council – que analisava bolsas de estudo e programas na área de ciências sociais. Foi muito interessante como experiência para mim, porque em dois dias de reunião, em Nova York, eles distribuíam alguns milhões de dólares em bolsas. Só que, para tanto, os beneficiários dos recursos tinham que contar com excelentes avaliações, e ser bem avaliado não era fácil. As cartas de referência eram duras, os avalistas diziam objetivamente o que achavam dos projetos. No Brasil, se você for fazer uma carta de referência e disser tudo o que realmente pensa, a pessoa vai se ofender. Nas organizações como as eu mencionei, aliás, a carta nem era mostrada à pessoa recomendada, ou seja, a carta era sigilosa. Atualmente isso mudou; a lei deu acesso ao interessado, mas o costume de franqueza e rigor permanece. Na Fundação de Apoio à Pesquisa de São Paulo (Fapesp), também já é assim – ninguém sabe quem são os especialistas que estão dando a opinião. Estamos, portanto, mudando aos poucos a cultura da troca de favores e elogios sem base.

Embora ainda haja muita estrada a percorrer, reconheço que nós já avançamos bastante no sentido de entender que a avaliação é fundamental para medir desempenho e, assim, proceder com mais justiça. Na política, a avaliação fundamental é a eleição. É uma avaliação que não entra em detalhes, mas julga as pessoas e as leva a sofrer as consequências. Já os ministros e os funcionários não se submetem a esse tipo de apreciação em termos de performance. Cabe então a quem tem autoridade sobre eles a tarefa de fazer a avaliação do seu desempenho.

Falamos, no início desta carta, das incertezas que cercam o ato de nomear, e da necessidade de haver sempre um rumo claro quando se nomeia alguém. Pois a avaliação é o instrumento mais prático que existe para se lidar com essa questão. É ela que permite melhorar o trabalho daqueles que não estão indo bem no cargo e, se for preciso, trocá-los por outros. É assim que o bom político permanece no rumo.

Cobrança e renovação

Na vida política tomada de maneira geral, não importa que a avaliação seja, como frequentemente é, injusta. Se é justa ou não, é problema de cada um, mas o fato é que o político tem que se preocupar com o seu desempenho porque vai ser cobrado. Essa é a grande vantagem da política democrática: ela cobra e renova. Se o trabalho do homem público não é visto como bom pela maioria, ele cai. Isso limita o devaneio dos políticos, porque se eles errarem muito vão pagar o preço da escolha.

A grande verdade é que todos nós temos que ser avaliados; ninguém deveria estar acima disso. No campo da educação, por exemplo, uma coisa muito importante foi o "provão". Não avaliar, no fundo, é algo visceralmente não democrático. Numa democracia é preciso avaliar o desempenho para separar os competentes, os eficazes, os produtivos – os que têm mérito, em suma – dos demais. Isso é o oposto da nossa tradição, que é de status e privilégios – eu nasci assim, tenho direito a isso e pronto. É muito difícil romper com essa mentalidade. Ela está sendo rompida pelo próprio mercado que olha para algo muito objetivo, o resultado. Se o trabalho da pessoa não der resultado, ela não permanece. Na política deve haver algo assim também. É outro tipo de resultado que se cobra, não é só a eficiência e muito menos o lucro – pois a decência e os valores contam –, mas deve haver avaliação do desempenho.

Quem está trabalhando direito não tem medo de ser avaliado – e é importante mencionar, também, que os sistemas de avaliação funcionam como estímulo. Neste sentido, vale a pena lembrar o método de avaliação chamado IDH, ou Índice de Desenvolvimento Humano, das Nações Unidas. Antes nós usávamos um único índice para medir o desenvolvimento dos países, o produto interno bruto *per capita*, o PIB *per capita* (ou seja, o valor total da produção do país dividido pelo número de habitantes), que era claramente limitado para medir a realidade econômica e social. O IDH vai muito além dos critérios tradicionais usados na medição do PIB. Ele mede a expectativa de vida (ou seja, quantos anos em média as pessoas viverão), a taxa de mortalidade infantil, o nível de escolaridade e a renda, e resulta num quadro muito mais preciso da situação efetiva de um país. Desde que o IDH foi aplicado no Brasil – e isso é possível fazer em cada um dos municípios – os prefeitos passaram a competir medindo seu desempenho em função desse índice.

É uma medida de desempenho, e como tal pode enriquecer o currículo dos bons políticos que se encontram à frente de funções administrativas. O IDH permite avaliar o grau de avanço social e econômico da população. No Brasil, cada cidade tem seu IDH, e isso é muito importante, porque fornece uma medida da melhoria de vida e incentiva a competição. Quando um prefeito assume seu mandato, não tem culpa pela situação que encontra, mas cabe a ele, por exemplo, melhorar os índices de mortalidade infantil de sua cidade. Até ganhamos um prêmio em 2002, porque o Brasil foi o país que mais avançou socialmente desde que o IDH foi criado. É muito importante ter mecanismos de medição como o IDH, porque eles emulam de forma racional o desenvolvimento. Na democracia é preciso sempre aferir – deu certo, não deu certo, por que não deu certo? Um político não vai cair porque seu trabalho não deu certo ao longo de um ano, caso ele se esforce para melhorar no ano seguinte. Mas, se não der certo por três anos seguidos, há chances de ser derrotado, porque o povo perde as ilusões e o substitui nas eleições.

Diante de tudo isso, a pessoa desejosa de entrar na política, desde os primeiros passos na carreira, tem que estar convencida de que vai conviver com a avaliação. Em primeiro lugar, avaliando a si mesmo: você está realmente disposto a entrar nessa profissão, diante de todas as condições e dificuldades já mencionadas aqui? Depois, terá que estar o tempo todo atento para verificar se está ou não está avançando. E não é avançar só no sentido de se eleger – a pessoa deve se perguntar se fez o que queria. Estou indo ao encontro dos meus objetivos? Estou realizando aquilo que propus a mim mesmo? Estou conseguindo as transformações que queria?

Você pode ser vereador a vida inteira e fazer um grande trabalho como político, ter realização plena na carreira, desde que esteja indo ao encontro dos seus objetivos. Passar de vereador para outra função às vezes é uma questão de oportunidade – não depende só do seu desempenho. Mas o que fizer como vereador quando for eleito só depende de você.

Para o político é importante o desejo de ocupar um posto majoritário, mas isso não basta para que ele de fato ocupe. É preciso que os outros queiram. Você pode ser candidato o quanto quiser, mas ter uma candidatura é outra coisa. Candidatura é quando outros se reúnem e dizem "este é o meu candidato". Você pode querer ser papa e pode morrer querendo ser papa, porque para chegar lá é preciso que o Colégio dos Cardeais decida que o papa é você.

Na política, você pode estar indo muito bem, desempenhando muito bem as suas funções, e ainda assim não conseguir criar uma situação que lhe permita um voo maior, pois este voo não depende só de você. O que depende só de você é cumprir bem o trabalho que lhe cabe, na posição em que você está. O resto é acidente, ou tem muito de acidente. Muita gente leva a vida achando que vai ser presidente e acaba não sendo. O bom político é o que faz muito bem o que lhe compete fazer no momento. Claro que sem deixar de prestar atenção nas oportunidades; ele tem que ir tecendo o seu caminho. Mas não pode só ficar pensando na carreira. Se você está desempenhando bem seu papel é maior a possibilidade de chegar ao topo da carreira. É mais provável, mas dependerá sempre, lembro outra vez, dos outros também desejarem que você suba.

O cidadão que vai ser militar, por exemplo, entra na academia, faz cursos e chega a coronel, porque isso depende exclusivamente do seu desempenho individual – mas só eventualmente chegará a general, porque isso já é algo que depende de indicação dos outros generais e de nomeação do presidente da República. Num sem-número de profissões a ascensão está ligada direta e unicamente à performance e aos resultados pessoais de cada um. O seu desempenho como político, entretanto, não é suficiente para você subir. Há excelentes vereadores que nunca vão ser deputados. Há excelentes deputados e senadores que nunca vão ser outra coisa. Motivo de frustração ou desânimo? De maneira nenhuma. O que conta é estar realizado na carreira e isso é perfeitamente possível em qualquer degrau da escala política.

17. A cobrança do tempo

Na vida política não estamos no domínio das categorias lógicas. Este é um princípio que você precisará incorporar ao seu mundo mental desde os primeiros passos na carreira. Isso quer dizer, na prática, que o homem político joga o tempo todo uma partida na qual as ações e reações não dependem de algo que se possa determinar previamente. Já observei numa carta anterior que não se pode fazer política na base do A + B. Causa e efeito estão sempre mudando. Hoje é assim, ontem não foi, amanhã pode ser. Em grande medida trata-se de um universo emocional. E é, como também já tive oportunidade de assinalar, uma atividade que depende não apenas de você, das suas decisões ou dos seus cálculos – depende dos outros, e isso cria uma permanente imprevisibilidade.

Na política, você inova, você muda, você cria. Provavelmente, no sentido forte, só existe política quando você inova, quando você abre um caminho que não existia, pois se fosse para seguir as regras estabelecidas não se sairia jamais do mesmo lugar; seria feito apenas mais do mesmo. Quem se dedicar à política não pode imaginar que vai entrar numa carreira de placidez, em que se seguem as normas e com isso se garante o resultado a ser obtido. Nunca é assim. Há, constantemente, que questionar as regras e romper com os paradigmas para transformar, criar o novo, enfrentar o imprevisível.

O normal é o inesperado

Em política sempre há o inesperado – aliás, esta é a situação normal, não a exceção. Uma das marcas básicas do homem público competente é lidar bem com o imprevisto. Em nossa vida pessoal é possível, frequentemente, reagir pausadamente a coisas que não previamos, não fazer nada no momento, deixar a ação para mais tarde. Em política, não; o inesperado exige quase sempre resposta imediata. Pode até não ser uma boa resposta, ou a melhor delas. O que não se admite é a fuga.

Agora mesmo, com os escândalos políticos recentes, vivemos o inesperado quase todos os dias e não vimos, em boa parte do tempo, as reações que se esperaria de um governo se ele fosse equipado de competência política. Veja a questão tão discutida, entre tantas outras, sobre se o presidente "sabia ou não" da corrupção que estava acontecendo. O presidente, a meu ver, soubesse ou não do que ocorria, não fez a boa política no sentido moral. Passou muito tempo se mostrando pouco propenso a ajuizar as coisas, a tomar decisões em função de uma avaliação correta da situação; não agiu. Ficou tapando os olhos com a peneira, fazendo de conta que nada estava acontecendo e fixou toda sua estratégia na posição de dizer que não tinha qualquer conhecimento das coisas.

Do ponto de vista penal, isso pode fazer diferença, pois evita a discussão sobre o *impeachment*; talvez até mesmo do ponto de vista eleitoral seja uma vantagem, mas historicamente não: o responsável é ele. Tanto faz, para a história, que soubesse ou não. Os fatos aconteceram no seu governo e disso não há como se livrar. Seria melhor que ele assumisse a responsabilidade e afastasse os que cometeram deslizes, em vez de deixar que as coisas corressem soltas e, um a um, seus principais colaboradores fossem caindo por exaustão. Ao assumir a responsabilidade, não estaria se autoculpando penalmente, desde que tivesse agido em consequência. Não a assumindo, pode até driblar as adversidades, mas se mostrou pequeno diante da História.

O que eu quero dizer, de um ponto de vista exclusivamente político, é que não se pode deixar de ter uma reação forte diante de fatos imprevistos, sobretudo quando eles são muito graves. O expediente de simplesmente não responder, através do silêncio ou da retórica, não resolve nada.

Esse é um engano que muitos políticos cometem – deixar passar o tempo para as coisas se acomodarem. Até funciona, em certas circunstâncias; não em momentos de crise. É preciso perceber se o fato político é uma dessas coisas menores que não devem receber resposta, porque no dia seguinte já estará anulado pelos acontecimentos, ou se, em vez disso, é um fato que precisa de resposta imediata porque a crise pode crescer no dia seguinte. A verdade é que o político vai perder, com certeza, se insistir em não responder enquanto todo mundo clama pela resposta. O mau exemplo de Nixon não deve ser imitado: ele até ganhou a reeleição, mas pagou o alto preço da desonra e do afastamento do poder no exercício do segundo mandato. Não estou insinuando que isso ocorrerá no Brasil. Mas teria sido melhor para a democracia que o presidente tivesse atuado com maior responsabilidade, em vez de simplesmente se omitir.

Não estou dizendo que você deva se precipitar. Tem que avaliar, ponderar, ver o tipo de resposta que é possível, mas num dado momento é indispensável atuar. Há gente que, seguramente, não é tola mas acaba ficando com a imagem de tola, quando deixa de reagir com firmeza ao imprevisto e se declara ignorante de tudo o que está acontecendo.

Ulysses Guimarães repetia sempre uma frase ótima: "O tempo não perdoa quem não sabe trabalhar com ele." O tempo, realmente, é uma variável muito importante na política. O homem público precisa estar sempre sintonizado com as exigências que o tempo impõe – e essas exigências surgem sem que se possa prevê-las ou organizá-las, elas se colocam de maneira inesperada, não se encaixam nos nossos cronogramas, embaralham os nossos melhores projetos. É crítico agir no momento em que aparecem, e agir na direção certa. Mais tarde não resolve – o tempo sempre cobra.

Política é processo, não é ato

Falei em quebrar regras. É claro que as regras fundamentais da vida não mudam; a lei da gravidade não muda. Mas na história as coisas mudam, e essa mudança permanente tem tudo a ver com o desempenho da atividade política. Na política, lida-se com gente o tempo todo; não como você gostaria de lidar, mas como for possível. Na democracia não se pode coagir; o político influencia e é influenciado. É um perene toma lá, dá cá. A noção central, para mim, é a de que política é processo, não é ato – ao contrário do que se imagina. As pessoas cobram posição dos políticos e é claro que os políticos têm mesmo que tomar posições. Mas é preciso ter consciência de que cada posição está encadeada com outras, sua e dos outros, coisas que vêm do passado e coisas que vão acontecer no futuro.

Há um estudo famoso, de que eu gosto muito, de um filósofo francês, Merleau-Ponty, sobre os processos de Moscou, do estalinismo dos anos 1930, em que alguns dos heróis da revolução soviética se confessam criminosos. A questão que o estudo coloca é por que essas pessoas assumiram que eram traidoras da revolução, quando estavam certas de ter feito exatamente o contrário. A tese do filósofo é que no fundo elas se sentiam responsáveis não por aquilo que fizeram objetivamente, mas pelas consequências das suas ações ou omissões. Mesmo que o réu não tivesse cometido em pessoa o ato "contrarrevolucionário" do qual era acusado, ele se sentia responsável porque alguém que sofreu sua influência agiu como "inimigo da revolução". Claro que é um pouco mais complicado do que isso – eles confessavam também por medo da tortura, da cadeia e do pelotão de fuzilamento. Mas de qualquer maneira, o que esta tese diz é que o político tem que ver o processo. O que ele faz hoje desencadeia mecanismos amanhã – e o responsável é ele, embora essa responsabilidade seja mais histórica do que subjetiva e penal.

No jogo político, em sua condição de processo, ninguém tem controle do resultado final. Na política fazemos apostas o tempo todo, não se pode ter certezas. Se você for ideólogo pode ter certeza mental. Mas o ideólogo não é um bom político, porque empaca no sonho. A política não é lugar para apenas sonhar. É indispensável ter uma causa, mas a política não é lugar para ficar repetindo o tempo todo o valor intrínseco da sua causa. Profeta é aquele que fala e acredita que vai estabelecer a verdade pelo ato de estar falando.

Hugo Chávez, presidente da Venezuela, um homem que eu conheci bem, por exemplo, tinha uma visão profética, o "bolivarianismo". Ninguém sabe do que se trata nem ele explica o que é isso. E não queria explicar porque era um político, digamos, profético. Ele tinha uma visão, chamava essa visão de "bolivariana" e profetizava que com ela poderia salvar o mundo, ou ao menos a América Latina. Mas ele não ficava apenas no sonho. Usava os dólares do petróleo para tentar fazer o que achava que seria bom para seu país e para a região. Não era apenas um profeta, era um político.

Lula, noutro exemplo, já não é tão profético assim. Ele parecia querer apenas melhorar a vida das pessoas, como é normal no caso dos líderes democráticos. Na crise de 2007/2008, continua falando como se fosse um perseguido, sem assumir responsabilidades pelos atos praticados, dizendo que era melhor que todos, que dormia o sono dos justos e que poucos podiam dormir como ele. Para que isso? É como o padre pregando um sermão – o Sermão da Montanha, que é eterno – e achando que tudo mais é pecado. Nessa medida, se esquece de como as coisas devem funcionar em uma democracia. Quando, além disso, há um partido também "salvacionista", começa-se a trilhar caminhos mais pedregosos para as instituições e, por fim, para a sociedade toda. Se ficar nisso, não estará fazendo a boa política, mas apenas uma "falação". Se a isso juntar realizações, então, sim, sua profecia aterrissa e ele pode ser reconhecido como político.

Política não é apenas ideal, é caminho para se aproximar do ideal

A postura salvacionista se distancia da verdadeira política democrática. Na vida pública você tem que ter um ideal, mas não pode imaginar que a política se reduz à reafirmação retórica dele. Política não é isso, é a busca do caminho para chegar o mais perto possível desse ideal. O jovem político precisa ver se tem, mesmo, disposição para fazer tal busca e se está pronto para admitir, modestamente, que o mundo não vai ser salvo só pelos seus sermões.

O político não pode querer ter o retorno imediato pelos bons atos que pratica. A carreira política é bem diferente da carreira executiva, em que um resultado corresponde a um recebe o bônus. A política não é assim, e por isso mesmo é mais angustiante. Se uma pessoa é muito ansiosa pelo reconhecimento de terceiros, está perdida. Vai sofrer muito. O reconhecimento às vezes vem, às vezes não. E, ainda por cima, às vezes vem por motivos errados.

Política não é uma profissão cômoda. Um bom fotógrafo, por exemplo, é reconhecido em vida como tal – e será sempre reconhecido assim, pelo menos enquanto tiver bom olho e mão firme. É raro o fotógrafo que passa a ser reconhecido como bom só depois da sua morte. Mas na política isso é comum; você colhe os frutos quando não está mais neste mundo para poder apreciá-los... Getúlio Vargas e Juscelino Kubitschek saíram do governo escorraçados. Getúlio se suicidou, estava num desespero total em relação aos resultados de sua vida política. Juscelino não tinha tantos escombros ao redor, mas quando saiu do Planalto estava num dos pontos mais baixos de sua popularidade, e uns anos depois acabou morrendo relativamente no ostracismo. Hoje, tanto um como outro recebem o reconhecimento da história. O que fizeram no seu tempo, e que era considerado ruim por muitos, hoje é considerado bom.

Enquanto está vivo, o político não pode contar com um julgamento perfeitamente equilibrado, racional e sereno do seu desempenho. Frequentemente, não pode contar sequer com a mera exposição correta de fatos relativos às suas ações e à sua vida.

Existe uma frase que eu nunca disse e que me persegue até hoje: "Esqueçam tudo que eu escrevi." Eu jamais disse isso. Já pedi várias vezes que corrigissem o equívoco. Recentemente, sugeri a uma jornalista uma maneira de esclarecê-lo. "Por favor", pedi a ela, "diga quando, a quem e onde eu disse tal frase." Como nunca disse, ninguém é capaz de fornecer essas informações. Mas a lenga-lenga continua. Fazer o quê? Ficar indignado? Não adianta.

Não adianta, do mesmo jeito, protestar em relação a algo que considero um disparate, que é o julgamento de intenções. Você deve julgar ações, não intenções. Como seria possível fazer uma coisa dessas? Quem é que sabe suas intenções? Nem você mesmo. Talvez o psicanalista, que é um profissional deste tipo de indagações, possa saber, ou então o padre confessor... Eu não sei, quem é que sabe? Mas isso, no Brasil, é norma. O que deve ser julgado é o que o indivíduo fez, objetivamente, não o que se supõe que ele queria fazer. O que se pode julgar é a ação concreta. Pouco importa, para a história, quais foram suas intenções. Para a história interessam os atos e suas consequências.

Algum tempo atrás, durante uma entrevista, perguntaram-me como eu gostaria de ser lembrado daqui a cem anos. Eu disse: mas será que eu vou ser lembrado daqui a cem anos? Pode ser que sim, pode ser que não, como eu saberia? Não tenho a menor condição de saber o que, daqui a um século, vai ser considerado bom ou mau, importante ou desimportante. Não depende de você. Você não tem nenhum domínio sobre a história. É inútil, portanto, fazer política para depois da sua morte. Faz-se o que se pode para resolver os problemas que a vida apresenta a cada um de nós, embora o julgamento de nossos atos continue a ser feito e varie no tempo até que sejamos esquecidos.

18. Algumas palavras finais

Valeu ter dedicado quase três décadas da minha vida ao exercício da política? Minha resposta é sim.

Fui senador, fui ministro, fiquei oito anos na Presidência da República. E creio, honestamente, que foi possível construir muita coisa positiva ao longo desse percurso. A democracia ficou mais forte, o país ganhou mais respeito, nossa economia está mais sólida. A educação melhorou e os pobres encontram mais apoio para sobreviver com dignidade. Conseguimos avanços indiscutíveis numa quantidade razoável de questões.

Enfim, apesar de todas as dificuldades no fazer, acho que posso dizer: "Ah, apesar das adversidades, fizemos!" E aqui vai uma última sugestão aos jovens políticos: tenham sempre a modéstia – ou o realismo – de dizer "fizemos", e não "eu fiz". Não é "você" quem faz, nunca. É toda uma orquestra. E muita coisa não é você nem o governo quem faz; é todo esse fantástico país que trabalha, cria e produz.

Alguns anos atrás, na época da campanha pela reeleição, meu amigo Mário Soares, ex-presidente de Portugal, me perguntou: "Se você for reeleito vai se sentir realizado?" Lembro-me de ter respondido a ele: "Eu só vou me sentir realizado se puder dizer que o Brasil mudou em consequência do que eu fiz." Mudou? O futuro dará resposta a isso.

O que eu poderia dizer a você, jovem desejoso de ser político, se tivesse que resumir numa única frase o mais elevado propósito da vida pública, seria simplesmente o seguinte: só entre na política para tentar mudar as coisas para melhor. Sonhe que será possível, mas não se perca no sonho: ajude a construir um caminho que permita fazer com que a vida das pessoas melhore.

*O texto deste livro foi composto em
Minion Pro Regular, corpo 11,5/15,5.*

*A impressão se deu sobre papel off-white
pelo Sistema Cameron da Divisão Gráfica
da Distribuidora Record.*